T0204378

MARIE-CLAUDE LORTIE
AVEC ROBERT BEAUCHEMIN

RESTOS
MONTRÉAL
2010

LES PETITES ET GRANDES TABLES
DE LA MÉTROPOLE ET DES ENVIRONS

LES ÉDITIONS
LA PRESSE

Catalogage avant publication de Bibliothèque et Archives nationales du Québec et Bibliothèque et Archives Canada

Lortie, Marie-Claude

Restos Montréal 2010 : petites et grandes tables
de la métropole et des environs

Publ. antérieurement sous le titre : Solutions restos. 2008.

Comprend un index.

ISBN 978-2-923681-21-4

1. Restaurants - Québec (Province) - M ontréal, Région de - Répertoires.
I. Beauchemin, Robert, 1959- . II. Titre. III. Titre : Solutions restos.

TX907.5.C22M6 2009a   647.95714'28   C2009-942107-0

Directeur de l'édition :
MARTIN BALTHAZAR

Éditrice déléguée :
MARTINE PELLETIER

Infographie :
CLAUDE BAILLARGEON

Graphisme de la couverture :
YANICK NOLET

Aide à la Recherche :
ÉLISE BÉLANGER

L'éditeur bénéficie du soutien de la Société de développement des entreprises culturelles du Québec (SODEC) pour son programme d'édition et pour ses activités de promotion.

L'éditeur remercie le gouvernement du Québec de l'aide financière accordée à l'édition de cet ouvrage par l'entremise du Programme de crédit d'impôt pour l'édition de livres, administré par la SODEC.

Nous reconnaissons l'aide financière du gouvernement du Canada par l'entremise du Programme d'aide au développement de l'industrie de l'édition (PADIÉ) pour nos activités d'édition.

Dépôt légal – 3ᵉ trimestre 2009
ISBN 978-2-923681-21-4
Imprimé et relié au Canada

LES ÉDITIONS
LA PRESSE

Président :
ANDRÉ PROVENCHER

Les Éditions La Presse
7, rue Saint-Jacques
Montréal (Québec)
H2Y 1K9
514 285-4428

Table des matières

Avant-propos

«À Montréal, c'est quoi le meilleur restaurant? Ou plutôt, c'est quoi ton restaurant préféré?»

Ces questions, comme je suis critique gastronomique et que je passe ma vie au restaurant, on a dû me les poser mille deux cent dix-sept fois.

Le problème, c'est qu'il y a autant de réponses que de restaurants dans ce guide. Ou à peu près.

Car tout dépend de mon humeur. De mon appétit. Des gens avec qui je suis. D'où je suis. De la quantité d'argent que j'ai envie de dépenser, surtout en ces temps de récession.

Un repas en famille parfait sur un gros appétit, par exemple, peut très bien se passer à la rôtisserie Laurier : j'adore.

Mais un repas d'amoureux idéal sera plutôt du côté de Toqué! (un beau cadeau à se faire) ou alors chez DNA ou dans les jardins du château Ramezay.

Je n'ai plus un rond, mais encore envie d'aller au resto me régaler? Alors direction Noodle Factory ou Dâo Viên.

Je suis à Brossard? Vite vite les dumplings de Foo Wor ou les soupes Phô de Sao Sao...

Et le meilleur souper de filles, y a-t-il un seul endroit où il peut avoir lieu? Pas du tout. Il se fait autant chez Khyber Pass à Laval – un excellent «apportez votre vin» – qu'à la Salle à Manger, sur le Plateau, ou dans la Caverne russe de la Côte-des-Neiges...

Il n'y a pas UN restaurant idéal. Et il n'y a pas une seule façon linéaire d'évaluer les bonnes tables. Il y a toutes sortes de restaurants qui sont bons et sympathiques et chouettes, à leur façon. Suffit de les trouver. Et c'est le but de ce guide.

Vous devez amener votre tante manger pour son anniversaire? Vous avez envie de sortir en famille, sur la Rive-Sud, sans que cela ne coûte trop cher, mais vous détestez les chaînes? Vous cherchez le resto idéal pour demander votre blonde en mariage?

Ce guide va vous emmener au bon endroit. Et même au bout du monde, peut-être pas très loin de chez vous.

Cette année, nous avons ajouté dans notre guide rebaptisé *Restos Montréal* plus d'une trentaine d'adresses, en portant une attention particulière à deux aspects importants de la recherche de bonnes tables. D'abord, récession oblige, nous avons bien regardé les prix des restos afin de vous proposer de nouvelles solutions abordables et aussi de vous indiquer, quand c'est possible, comment garder la note dans les limites du raisonnable. Allez voir la section «Nos coups de cœur pas chers du tout».

Aussi, nous avons eu une pensée particulière pour nos lecteurs du «450» et sommes partis à la recherche des bonnes tables dans la grande région métropolitaine, incluant la Rive-Sud, Laval et compagnie. Nous espérons que ce n'est qu'un début et que vous nous aiderez à dénicher encore plus de perles rares banlieusardes.

Nous tenons à préciser que *Restos Montréal* ne fait pas la recension de tous les restaurants. À la place, nous avons fait un tri et gardé uniquement des recommandations, donc des lieux que mon collègue Robert Beauchemin et moi avons retenus parce qu'ils ont un atout bien précis ou parce que ce sont nos coups de cœur de l'année.

Vous ne trouverez donc pas d'étoiles, mais plutôt des catégories. «Pour un rendez-vous galant», «Un bon repas à bon prix», «De la cuisine pour voyager»...

Les noms, les adresses, le site Web, s'il y en a un, sont indiqués. Côté horaire, nous avons opté pour une approche qui donne dès le premier coup d'œil les notions de base : est-ce ouvert pour le lunch, est-ce fermé le lundi ou le dimanche, y a-t-il des brunchs?... Nous n'avons pas spécifié les heures d'ouverture détaillées, car c'est rarement coulé dans le béton. Il est toujours préférable de vérifier à l'avance si l'établissement est ouvert – surtout le dimanche et le lundi soir – et de réserver.

Côté prix, là encore, difficile de classer les restaurants de façon absolue, puisque la facture dépend toujours de ce que l'on choisit et de ce que l'on boit. Mais, règle générale, un signe de dollar ($) signifie qu'il vous en coûtera moins de 25 $ par personne pour un repas moyen, avant taxes et service. Généralement, il n'y a pas de vin au menu. Deux signes de dollar $$ indiquent que le repas coûtera probablement entre 25 $ et 65 $ par personne, là encore, avant taxes et service, mais avec un peu de vin. Trois signes de dollar ($$$), qu'il faudra dépenser plus encore. Toutefois, il faut regarder ces symboles comme des ordres de grandeur, car il y a mille façons de manger au restaurant. Certaines personnes peuvent sortir d'un restaurant avec une facture de 120 $ à deux tout compris et d'autres dépenser le triple au même endroit.

Nous tenons à préciser que, comme nous le faisons pour nos critiques dans *La Presse*, nous avons toujours visité ces restaurants à l'improviste, sans révéler notre identité, et que nous avons toujours payé la note.

Sur ce, bonne lecture, mais surtout, bon appétit!

Marie-Claude Lortie

QUEL GENRE DE SOIRÉE AIMERIEZ-VOUS PASSER?

Toqué!

Pour manger un très grand repas de calibre international, dans un restaurant au décor impeccable où le service l'est tout autant, pour savourer une cuisine à la fois très imaginative, innovatrice et minutieusement réalisée à partir de produits frais, souvent régionaux, c'est là qu'il faut aller. À Montréal et même au Québec, *Toqué!* est tout simplement une coche au-dessus de tous les autres. Et non seulement est-ce un excellent restaurant, c'est aussi une pépinière de professionnels de la cuisine qui, volant de leurs propres ailes, relèvent maintenant le niveau de la restauration un peu partout à Montréal. Pas étonnant que son chef et copropriétaire, Normand Laprise, ait été honoré en 2009 de l'Ordre du Québec. Sa complice Christine Lamarche veille sur tout ce qui n'est pas dans l'assiette et garantit l'expérience «nappes blanches trois macarons», car même si officiellement le restaurant n'a jamais été coté par Michelin, il mérite à notre avis plusieurs belles étoiles.

Récession oblige, vous voulez faire attention à la note? Chez Toqué! on peut commander à la carte plutôt qu'opter pour le grand menu dégustation, et on peut prendre du vin au verre plutôt qu'à la bouteille.

- C'est cher, c'est sûr, mais c'est très bon. C'est le meilleur restaurant de Montréal.
- À Paris ou à New York, pour la même qualité, c'est encore bien plus cher.
- Excellent resto où célébrer une grande occasion, réconforter un gros client venu de New York ou Paris. Ou tout simplement, pour se faire un immense plaisir.

$$$ Ouvert seulement le soir du mardi au samedi
Fermé le dimanche et le lundi

Toqué!
900, place Jean-Paul-Riopelle
Montréal
514 499-2084
www.restaurant-toque.com

Le Club Chasse et Pêche

Blotti dans une petite rue du Vieux-Montréal, le Club Chasse et Pêche s'impose par la délicatesse originale de sa cuisine et par son décor chaleureux nouveau genre ponctué des photos de Nicolas Baier. Dès que l'automne revient, difficile de trouver un lieu à la fois aussi chic, moderne et réconfortant et, durant l'été, la terrasse maintenant installée à deux pas, dans les jardins du château Ramezay – un lieu aussi connu sous le nom de Café du Château – nous donne l'impression d'être en Europe. Service très pro sans être prétentieux, cuisine impeccable du chef Claude Pelletier qui travaille aussi bien les poissons que les viandes sauvages, d'où le nom du resto. Du *surf'n'turf* fin et *cool*. Et probablement les meilleurs pétoncles poêlés en ville.

> Mention spéciale pour les desserts au chocolat et au caramel de l'excellente pâtissière Masami Waki.

- Cuisine fine et moderne et ambiance feutrée qui convient parfaitement au mode cocooning de l'automne ou de l'hiver.
- Magnifique terrasse le midi en été (Le Café du Château). En fait, le meilleur lieu pour manger *al fresco*, en ville.
- Parfait pour un tête-à-tête le soir, mais aussi pour un repas d'affaires le midi, puisque les gros fauteuils en cuir nous donnent instantanément l'air plus crédible.

$$$
Ouvert le midi du lundi au vendredi
Terrasse estivale fermée le soir
Ouvert le soir du mardi au samedi
Fermé le dimanche et le lundi soir

Le Club Chasse et Pêche
423, rue Saint-Claude
Montréal
514 861-1112
www.leclubchasseetpeche.com

Laurie Raphaël Montréal

Deux ans après son arrivée à Montréal, le très québécois Laurie Raphaël fait maintenant partie intégrante de la scène culinaire de la métropole. Installé à l'hôtel Le Germain, au centre-ville, dans un décor spectaculaire signé Jean-Pierre Viau, le Laurie s'est créé son espace avec des plats extrêmement soignés, confectionnés dans le même esprit que ce qui a fait sa renommée dans la capitale. Daniel Vézina et sa chef de cuisine Cynthia Moreau y mettent en valeur les produits du terroir québécois, que ce soit des oursins de la Côte-Nord ou du porc bio de Saint-Canut. Comme le décor y est non seulement magnifique mais inspiré de nos saisons, en commençant par l'hiver, c'est un endroit parfait pour faire apprécier la gastronomie québécoise à des touristes. Ou tout simplement pour célébrer une belle occasion.

Un magnifique mobile signé Pascale Girardin – dont les œuvres se retrouvent maintenant de Dubaï à New York, tout en pastilles blanches illuminées, crée une impression de tempête de neige.

• Pour un repas gastronomique version simplifiée.
• Pour faire goûter les produits d'ici à des touristes, ou à des invités ou clients internationaux.
• Pour le décor très terroir-moderne-*cool* signé Jean-Pierre Viau, incluant de la fourrure recyclée et un magnifique bar de granit bleu qui donne l'impression de prendre un verre sur la neige, le soir.
• Pour la barbe à papa au sucre d'érable.

$$$ Ouvert le matin, le midi et le soir, tous les jours

Laurie Raphaël Montréal
2050, rue Mansfield
Montréal
514 985-6072
www.laurieraphael.comwww.laurieraphael.com

Derrière les fagots

Ce restaurant du Vieux-Sainte-Rose est un des meilleurs de Laval et un des plus haut de gamme – pour vrai – de tout le « 450 » rapproché. Là, contrairement à plusieurs autres adresses un peu pincées de la banlieue où on fonctionne trop souvent à tâtons, on maintient réellement un très haut niveau de qualité gastronomique. Le lieu est élégant sans être ni *trendy* ni vieux jeu. Les serveurs y sont professionnels sans être hautains, courtois sans être familiers. On y passe une soirée très classe. Foie gras poêlé aux dattes, ris de veau à la citronnelle, ananas confit et mousseline aux poivres... Sommelier accessible et respectueux. Le tout, pour un prix moins élevé que ce que l'on dépense au centre-ville pour une expérience tout aussi chic. Attention, le menu change régulièrement.

> Comme dans tout bon grand restaurant, beaucoup de délicieux petits à-côtés en amuse-bouche, prédessert, mignardises et compagnie.

- Un super-resto chic et bon dans un joli village devenu banlieue.
- Pour un repas de grande classe sans avoir à aller jusqu'au centre-ville.
- Ambiance assez classique, donc parfaite pour un souper avec parents, beaux-parents, clients rangés, mais sophistiqués...

$$$ Ouvert seulement le soir du mardi au samedi
Fermé le dimanche et le lundi

Derrière les fagots
166, boulevard Sainte-Rose
Laval
450 622-2522
www.derrierelesfagots.ca

Milos

Lorsqu'on demande aux amateurs de grande gastronomie quel est leur restaurant préféré à Montréal, un nom revient régulièrement : Milos. Installé sur l'avenue du Parc, au cœur du quartier grec traditionnel, Milos est un classique. Il nous offre la Grèce des poissons grillés, des aubergines frites, des baklavas. Bref, la belle Grèce ensoleillée des ciels parfaitement bleus. De l'huile d'olive aux poissons en passant par les fruits et les légumes, tout y est impeccable. Et tout y est cuisiné dans la plus grande des simplicités pour donner justement aux produits, souvent importés spécialement, la chance de faire rayonner leur fraîcheur et leurs saveurs.

C'est cher, c'est clair. Mais la qualité des produits a un prix souvent bien élevé. Et tous ceux qui essaient de faire aussi bon que Milos pour moins cher et n'y arrivent pas montrent à quel point c'est difficile. Mais il y a une option Milos à petit budget : le repas du midi pour à peine un peu plus de 20 $.

- Pour manger du poisson, difficile de trouver mieux à Montréal.
- Une adresse qui fait partie de celles où l'on va pour être vu ou pour croiser une vedette internationale ou un joueur de hockey.
- Pour célébrer une grande occasion, ou pour s'offrir un petit voyage sous le soleil de la mer Égée sans quitter la ville, on y va le soir. Pour impressionner un client, on y va le midi.

$$$ Ouvert le midi du lundi au vendredi
Ouvert tous les soirs

Milos
5357, avenue du Parc
Montréal
514 272-3522
www.milos.ca

Le Mitoyen

Installé dans le joli village de Sainte-Dorothée, à Laval, le Mitoyen n'est pas un lieu «m'as-tu-vu» ni branché, mais une adresse sûre où une cuisine classique, un service professionnel et courtois et une atmosphère feutrée nous donnent l'impression de rentrer dans nos pantoufles. Mais de belles et chics pantoufles en cachemire, douces, réconfortantes et résolument luxueuses. Au menu, des plats tels que la salade de crevettes du Golfe et avocat ou des ravioles farcies à la queue de bœuf avec tomate confite sont préparés avec minutie et doigté et si la créativité n'explose pas dans l'assiette, l'expertise de la confection impressionne.

S'il fait beau, on peut manger à l'extérieur, à l'avant du restaurant. En hiver, on se réchauffe dans cette demeure canadienne encore divisée en petites pièces comme si l'on mangeait à la maison.

- Pour un repas chic axé sur les valeurs sûres.
- Pour y emmener clients, parents et amis qui aiment bien les sentiers battus fiables et consacrés. Et pourquoi pas?
- Pour un très bon repas, à Laval plutôt qu'en ville.

$$$ Ouvert seulement le soir
Fermé le lundi

Le Mitoyen
652 Place publique
Laval (Sainte-Dorothée)
450 689-2977
www.restaurantlemitoyen.com

Europea

Le chef Jérome Ferrer a parcouru un long chemin depuis son arrivée au Québec et l'ouverture, en 2002, de son premier restaurant, Europea, rue de la Montagne. Sept ans plus tard, il fait partie des incontournables de la métropole. La clé de son succès : du travail, du travail et encore du travail, beaucoup de bonne humeur et, surtout, de générosité. La cuisine très française de ce chef d'origine languedocienne s'est délicatement précisée et raffinée avec les années, tandis que l'abondance de petites attentions qui rend la visite mémorable, elle, est restée la même. Chez Europea, on ne compte plus les amuse-bouche, prédessert et mignardises qui arrivent sur la table tels de petits cadeaux. Et ça marche. On en sort comblés.

Avec les années, Europea s'est aussi considérablement agrandi. Au départ, un simple sous-sol, le restaurant est maintenant sur trois niveaux et comprend un atelier où M. Ferrer donne des cours de cuisine.

- Pour un repas classique des grandes occasions en tête-à-tête ou en petits groupes.
- Excellent pour les repas d'affaires, le soir ou pour le lunch.
- Pour avoir l'impression qu'on vous déroule le tapis rouge. Beaucoup de petites attentions et accueil plus que gentil.

$$$ Ouvert tous les soirs
Lunchs du mardi au vendredi

Europea
1227, rue de la Montagne
Montréal
514 398-9229
www.europea.ca

16

Vintage

Installé rue Saint-Denis, près de l'avenue du Mont-Royal, dans un entresol, Vintage n'a rien de flamboyant, mais nulle part ailleurs à Montréal ne sert-on d'aussi bons calmars farcis au chorizo. Resto d'automne où l'on va nourrir sa nostalgie de vacances ensoleillées au Portugal, c'est aussi là que bien des amateurs de découvertes ont bu leur premier verre de porto blanc et se sont ouverts aux croquettes de morue. Au Vintage, l'accueil est réellement sympathique. Personne ne regarde par-dessus votre épaule. Mais contrairement à certaines maisons de grillades trop rustiques, on n'y fait pas pour autant toutes sortes de compromis côté saveurs. À essayer : le cochon de lait, les calmars grillés...

> Vintage n'a pas le côté *glamour* du Ferreira au centre-ville, mais offre une cuisine fine et travaillée qui n'a rien à voir avec celle de certaines grilladeries bon marché du quartier portugais du boulevard Saint-Laurent et des environs.

- Puisque c'est un demi-sous-sol chaleureux, Vintage est plus un resto d'automne et d'hiver que d'été.
- Pour une soirée conviviale remplie de souvenirs ou de rêves de voyage où l'on a l'impression que l'on va finir le repas en parlant à tout le monde dans le restaurant.
- Pour se faire dorloter par les patrons, à l'européenne, sans pour autant casser trop sa tirelire.

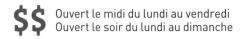

$$ Ouvert le midi du lundi au vendredi
Ouvert le soir du lundi au dimanche

Vintage
4475, rue Saint-Denis
Montréal
514 849-4264

17

Elounda

Il y en a qui y vont pour les aubergines frites. D'autres pour les poissons grillés hyper simplement, à la Milos – ce sont des anciens de ce très chic restaurant du quartier grec qui ont démarré Elounda il y a quelques années. Et puis il y a ceux qui y vont tout simplement parce que c'est une valeur sûre : bon poisson, bons fruits de mer, bons légumes... Grandes tables... Stationnement facile. Tout le monde, y compris les enfants, y est accueilli avec le sourire, à la grecque. Et rapidement, on se sent chez soi dans ce lieu simple, mais réellement sympathique.

> Le plaisir de ce genre de restaurant grec est de commander pour toute la famille ou tout le groupe un grand plat d'entrées variées – qui vont des boulettes au tarama en passant par le tzatziki – que l'on partage ensuite.

- Pour un repas en groupe ou avec la famille élargie.
- Simple et chaleureux.
- On accueille les petits avec le sourire et on veillera au bonheur de tout le monde durant tout le repas.

$$ Ouvert le midi du lundi au vendredi
Ouvert tous les soirs

Elounda
1818, boulevard de la Côte-Vertu
Montréal
514 331-4040

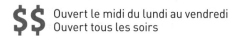

18

Newtown

Installé rue Crescent, une des plus animées des soirées montréalaises, le Newtown s'est fait connaître par son célèbre premier propriétaire, le coureur automobile Jacques Villeneuve. Celui-ci a vendu l'établissement en 2009 et le nouveau propriétaire, qui possède aussi l'excellent Decca 77, a décidé de remettre le restaurant au centre de l'action gastronomique en allant chercher deux jeunes chefs fort talentueux : Marc-André Jetté et Patrice Demers, le pâtissier. Au rez-de-chaussée, la section *lounge* continue à servir hamburgers et cie et la jolie terrasse demeure sur le toit, mais à l'étage du milieu, on a maintenant un restaurant de grande qualité où l'on sert les célèbres desserts de M. Demers et la cuisine fraîche et minutieuse de M. Jetté (salade de haricots verts, amandes et mozzarelle, truite de tasmanie, pétoncles aux radis...)

> Patrice Demers est connu pour son fameux petit pot de crème au caramel et sel Maldon, mais il faut absolument essayer ses créations aux fruits. Avec lui, même la salade de fruits, agrémentée de gelée et de « foams » devient sublime!

- Pour bien manger... rue Crescent, que ce soit en amoureux ou avec des clients. Ou entre amis.
- Pour les inconditionnels de Patrice Demers et de Marc-André Jetté (anciennement au Laloux).
- Une excellente destination, non pas nouvelle, mais renouvelée, au centre-ville.
- Pour très bien manger, mais aussi voir du monde, ce qui est possible en allant prendre un verre ensuite à la jolie terrasse sur le toit.

$$$ Ouvert le soir seulement
Fermé dimanche et lundi
Lounge ouvert du dimanche au samedi

Newtown
1476, rue Crescent
Montréal
514 284-6555
www.lenewtown.com

19

Bar & Bœuf

Installé là où était jadis le Wilson (et avant ça, le Soto), le Bar & Bœuf est un des bons nouveaux-venus du Vieux-Montréal. Oui, on peut y aller pour voir la faune du multimédia et des finances qui travaille et sort dans le quartier ou jeter un coup d'œil au beau monde qui sort aussi au W, presque en face, mais on peut aussi y passer la soirée pour déguster la cuisine du chef Alexandre Gosselin, que l'on a connu au Local avec sa cuisine ménagère réinventée. Chez Bar & Bœuf, il continue de faire évoluer ses plats avec des créations comme une salade de choux de Bruxelles crus ou des raviolis maison truffe-noisette-marrons et courges, à la mascarpone. Les amateurs de celui qui a mis le pâté chinois au canard sur la carte ne sont pas déçus.

> Le bar de Bar & Bœuf fait référence à la fois au poisson et au lieu où on prend un verre.

- Pour voir du monde ET bien manger.
- On y amène une copine ou un copain célibataire ou un client venu de l'extérieur, qui a envie de voir la « joie de vivre » montréalaise...
- Pour ceux qui aiment bien suivre Alexandre Gosselin, c'est là qu'on le trouve maintenant, après O Chalet, Simpléchic et le Local.
- Une des adresses intéressantes du Vieux-Montréal.

$$$ Lunch du mardi au vendredi
Souper du mardi au samedi
Fermé dimanche et lundi

Bar & Bœuf
500, rue McGill
Montréal
514 866-3555
www.baretboeuf.com

Lordia

Si vous avez envie de voir du monde et de vous plonger dans une ambiance festive, totalement exotique, avec de la bonne cuisine en plus, rendez-vous chez Lordia, à Laval. Au menu : décor exotique, chant et une cuisine remplie de la lumière du Liban. Purées de pois chiches onctueuses et d'aubergines fumées au sésame grillé, taboulé citronné à souhait, bastourma de bœuf séché moelleux fenugrec... On sent le soleil levantin dans chaque plat. Tout goûte, sent et incite au voyage. Pendant que les plats défilent, les convives des autres tables, eux, se mettent à danser. On termine si on en a le sang-froid, sur un narguilé...

> Plus que resto, Lordia est une expérience dépaysante, un voyage.

- Pour se changer les idées et partir très loin, tout en restant à Laval.
- Pour fêter en groupe.
- Pour bien manger et danser.

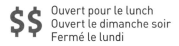

$$ Ouvert pour le lunch
Ouvert le dimanche soir
Fermé le lundi

Lordia
3883, boulevard Perron
Laval
450 681-9999
www.lordia.com

Vallier

Si vous cherchez un endroit pas trop chic ni trop banal, juste assez animé et allumé pour donner rendez-vous à une personne pour la première fois, Vallier est une bonne option. Un des premiers à avoir choisi de réinventer la cuisine ménagère, Vallier continue en effet de faire sa marque avec des plats comme le macaroni au fromage aux lardons, le pâté chinois au canard ou le pain de viande garni de foie gras, bref toutes sortes de plats qui ont le don de plaire à tous. Décor simple, mais moderne, avec touche rétro. Faune jeune et variée du Vieux-Montréal. Et l'été, quelques tables à l'extérieur devant le restaurant permettent de profiter du beau temps et des larges trottoirs de la rue McGill.

> Vallier a une carte des vins intéressante, mais aussi une belle petite sélection de bières qui vont très bien avec les côtes levées et les hamburgers...

- Excellent pour une première rencontre galante. S'il fait beau, on s'assoit dehors.
- Pour un repas en famille.
- Pour un repas entre collègues un jeudi soir après le travail.

$$ Ouvert le midi du lundi au vendredi
Ouvert le soir du lundi au samedi
Ouvert pour le brunch le samedi et le dimanche

Vallier
425, rue McGill
Montréal
514 842-2905
www.restaurantvallier.com

Laloux

Après quelques années dans l'oubli, Laloux a fait un retour en force il y a trois ans sur la scène des restaurants courus grâce à une nouvelle carte et de nouveaux chefs. En 2009, les deux étoiles sont parties briller ailleurs mais le Laloux a recruté un autre chef bien connu des *foodies* montréalais, Éric Gonzales (Ferreira, XO, Cube, Lutétia), que l'on suivra avec intérêt, pour voir s'il réussi à relever le défi de garder cette adresse sur la liste des incontournables. Pendant ce temps, le décor de cet élégant bistro reste égal à lui-même, chic et de bon goût. Et le service demeure toujours aussi impeccable.

> Ne pas hésiter de demander au sommelier de recommander du vin au verre pour accompagner chaque plat.

- Laloux a l'élégance neutre idéale pour un premier rendez-vous galant entre adultes consentants.
- Aussi excellent pour un repas en tête-à-tête avant ou après le théâtre, ou pour un souper un peu formel avec de la parenté ou un patron. Et très bon choix pour un souper de filles qui aiment les desserts.

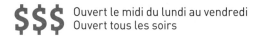

$$$ Ouvert le midi du lundi au vendredi
Ouvert tous les soirs

Laloux
250, avenue des Pins Est
Montréal
514 287-9127
www.laloux.com

23

L'Inconnu

Là où était auparavant le restaurant Brunoise s'est installée une nouvelle table discrète appelée L'Inconnu. La salle est lumineuse et simplement organisée en rectangle, et les tables sont assez éloignées les unes des autres pour permettre un peu d'intimité. Tout est décliné dans des tons bruns, sable et crème au beurre. En somme, très Plateau et élégant. Calme aussi. Idéal, donc, pour un rendez-vous galant (mais pas le premier!) Côté cuisine, on a donné un coup de jeune à de vieilles recettes : tartare, gravlax, ris de veau, lapin braisé, brandade. Le chef propriétaire Jeff Stirrup semble favoriser la transparence, celle des sauces, des jus, des assaisonnements lestes. À la fin du repas, quand on voit panna cotta et profiteroles au menu, on a envie de lever les yeux au ciel pour le cliché, mais quand ces desserts sont bien exécutés et inspirés, on s'incline. Bref, une cuisine de grande qualité technique, sage certes, mais rassurante et pimpante, dans un lieu intimiste.

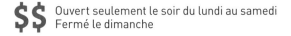

La table d'hôte à 40 $ fait partie des très bons rapports qualité-prix que l'on trouve actuellement sur le marché montréalais.

- Pour un repas en tête-à-tête.
- Pour goûter à des valeurs sûres de la cuisine française, dans une atmosphère calme, donc idéale pour amadouer les beaux-parents.

$$ Ouvert seulement le soir du lundi au samedi
Fermé le dimanche

L'inconnu
3807, rue Saint-André
Montréal
514 527-0880
www.linconnu.ca

Pintxo

Les amateurs de tapas adorent ce petit resto basque du Plateau Mont-Royal au *look* contemporain, mais néanmoins romantique. On y trouve toutes sortes de plats d'inspiration espagnole et basque : œufs brouillés à la morue, ragoût de champignons sauvages et escargots, carpaccio au mantego... Les plats sont miniatures et s'enchaînent, parfumés et savoureux et la note s'ajuste selon la quantité que l'on décide de prendre. Qu'on soit entre amis ou en rendez-vous galant, la tradition veut qu'on partage ces petites assiettes et dans ce cas on se laisse bercer par une cuisine odorante, source de plaisir et d'émerveillement grâce à toutes sortes de jus très subtils et des assaisonnements intelligents.

> Le midi, si on n'a pas le temps de manger une série de petits plats, on peut aussi manger une seule assiette, bien pleine, aussi délicieuse que le reste.

- Pour une troisième rencontre en tête-à-tête, celle où on commence à goûter à ce qu'il y a dans l'assiette de l'autre...
- Pour un repas entre amis ou entre collègues, si on veut faire tomber les barrières et éviter le trop formel et le trop sérieux.
- Pour rêver – ou se souvenir – de vacances en terres ibériques.

$$ Ouvert le midi du mercredi au vendredi
Ouvert tous les soirs

Pintxo
256, rue Roy Est
Montréal
514 844-0222
www.pintxo.ca

25

Pullman

Pullman, où les cuisines sont maintenant dirigées par Stélio Perombelon, est une de ces adresses où les chefs et autres artisans du monde de la restauration se retrouvent une fois leur soirée terminée. C'est là qu'ils font baisser l'adrénaline, en dégustant du bon vin et en grignotant quelques bouchées de type tapas (arancinis, mini-burgers, carpaccio...) Il est difficile parfois de s'y frayer une place le jeudi soir, par exemple. Mais pour terminer une soirée cinéma, un petit mardi relax, par exemple, c'est chouette et allumé. Surtout si l'on est amateur de grands crus ou même de plus petits, bien choisis, à bon prix. Décor spectaculaire.

> Divisé en petits espaces presque distincts, Pullman peut être réservé pour des événements de groupe de style lancements, fêtes de bureaux, etc.

- Pour terminer une soirée en prenant un verre et en mangeant une bouchée.
- Pour prendre l'apéro et manger un peu avant le théâtre ou le cinéma.
- Une faune intéressante, notamment du monde de la gastronomie et de la culture, mais très tard en soirée, une fois que les restos sont fermés.
- Dans ce bar-resto, on peut, voire il faut, appeler à l'avance pour réserver.

$$ (ou $$$ si l'on se lance dans les très grands crus)

Ouvert le soir jusqu'à 1 h du matin, du mardi au samedi
Fermé le dimanche et le lundi

Pullman
3424, avenue du Parc
Montréal
514 288-7779
www.pullman-mtl.com

Pop!

Les amateurs de design seront d'accord avec nous : l'aménagement 100 % teck, conçu presque entièrement avec des meubles et des accessoires scandinaves datant des années 60, est absolument charmant. Aucunement « à la mode », mais on ne peut plus au goût du jour, ce restaurant est d'une grande classe dans sa délicieuse excentricité. Le chef a changé en 2009 et le super pâtissier Patrice Demers n'y est donc plus. Mais son ancienne comparse Michelle Marek, elle, demeure et continue de confectionner le célèbre le pot de crème au chocolat, caramel et sel de Maldon qui vaut la visite. Les tartes flambées à l'alsacienne sont elles aussi encore au menu.

> Pop! a comme vocation première d'être un bar à vin, donc le choix de bonnes bouteilles au verre est varié et recherché.

- Pour un repas plus léger que ce que l'on trouve chez Laloux, le grand frère et voisin de Pop!
- Pour se plonger dans une atmosphère très années 60, mais classe, pas du tout psychotronique.
- Pour siroter un « poptail » dans un canapé en teck en s'imaginant en plein tournage d'un James Bond... Ou un simple verre de vin avec conversation en tête-à-tête de type Bergman...
- Pour un souper de filles qui aiment la déco contemporaine et le bon vin, et pas nécessairement dans cet ordre.

$$ Ouvert tous les soirs

Pop!
250, avenue des Pins Est
Montréal
514 287-1648
www.popbaravin.com

27

Buvette chez Simone

Installé avenue du Parc, un peu au sud de Saint-Joseph, ce troquet de quartier décoré de façon recyclo-post-industrielle attire tous les gens *cool* du Mile-End et d'Outremont. Le menu, aux prix raisonnables, n'a rien de compliqué – viandes froides, huîtres, poulet grillé, mais c'est l'atmosphère détendue, moderne sans chichi qui nous donnent envie d'y retourner, surtout que les grandes tables à partager avec des inconnus ou un grand groupe d'amis encouragent la conversation. Côté vin, la carte est remplie de petits choix au verre, sympathiques et hors des lieux communs et on fait une belle place aux crus français.

> Même si c'est une buvette, on peut y aller en famille. Le menu, d'ailleurs, invite au partage, avec des assiettes de cochonnailles et des poulets grillés entiers.

- Pour prendre un verre et une bouchée après le travail.
- Pour casser la croûte avant ou après une sortie théâtre ou cinéma.
- Parfait pour se réunir avec un groupe disparate dont certains auront déjà soupé et d'autres pas.
- Idéal pour un souper de filles ou de gars…
- Note : le restaurant ne prend pas les réservations.

$ ou $$ Ouvert tous les soirs

Buvette chez Simone
4869, avenue du Parc Montréal
Montréal
514 750-6577

AVEC QUI
ALLEZ-VOUS MANGER?

Ferreira Café

Élégant et chaleureux, le Ferreira Café fait partie des destinations chics préférées des gens d'affaires du centre-ville de Montréal, qu'ils sortent pour le lunch ou le soir. On y sert une cuisine portugaise classique, mais ce sont surtout ses poissons et fruits de mer grillés, souvent préparés très simplement, mais cuits très délicatement, qui font sa renommée : sardines, morue noire, calamars, poulpes et compagnie. Décor à la portugaise. Carte des vins originale remplie d'importations privées choisies par le propriétaire, Carlos Ferreira. Accueil et service toujours ensoleillés.

> Le Ferreira Café a aussi une salle, à l'étage, que l'on peut louer pour des événements.

- Le Tout-Montréal inc. s'y retrouve pour le lunch.
- Pour manger des poissons très variés, toujours parfaitement cuits et délicatement apprêtés.
- Pour sortir votre grand-tante ou votre belle-sœur qui a envie d'aller en ville et de voir des gens qui sont *glamour*, mais qui ont de la classe et plus de 35 ans.

$$$ Ouvert le midi du lundi au vendredi
Ouvert tous les soirs

Ferreira Café
1446, rue Peel
Montréal
514 848-0988
www.ferreiracafe.com

Le Latini

Décoré dans un style qui plaira aux nostalgiques des années 80, le Latini fait partie de ces restaurants du centre-ville de Montréal où l'on est sûr de croiser des gens d'affaires, des politiciens et autres avocats très en vue. Et avec un peu de chance, même un bonze du hockey ou une vedette de télésérie. La moyenne d'âge y est assez élevée, et les femmes peu nombreuses. Avec sa carte des vins spectaculaire et remplie d'importations privées, sa collection de caviar et sa cuisine italienne bourgeoise confectionnée avec des produits de grande qualité que le propriétaire va presque chercher personnellement en Italie, le Latini est une des destinations-clés de ceux qui ont des allocations de dépense élevées... C'est d'ailleurs probablement le seul endroit où vous êtes à peu près certain de trouver des truffes blanches en saison.

> Terrasse particulièrement charmante en été.

- Pour un repas d'affaires où on a envie d'impressionner les clients, pour un tête-à-tête où on souhaite montrer à sa nouvelle copine qu'on connaît plein de gens importants.
- Pour voir et être vu.
- Le Latini fait partie de ces restaurants qui ont la bonne habitude (ou la mauvaise, cela dépend du point de vue) de réserver un traitement particulier aux clients fidèles.
- Idéal si vous êtes fou de gastronomie italienne et que vous avez envie d'essayer de la burrata de Pouilles, des truffes blanches du Piémont ou tout autre produit italien hyper rare.

$$$ Ouvert le midi du lundi au vendredi
Ouvert tous les soirs

Le Latini
1130, rue Jeanne-Mance
Montréal
514 861-3166

Le Cluny ArtBar

Installé dans le décor post-industriel spacieux et lumineux de la Fonderie Darling, dans la partie «Cité du multimédia» du Vieux-Montréal, le Cluny demeure, malgré l'arrivée de toutes sortes de petits nouveaux, le meilleur resto du coin dans la catégorie lunch d'affaires moderne, savoureux et pas compliqué. Le tout dans un décor rempli de meubles et d'objets recyclés : tables en plancher de salles de quilles, bancs récupérés, lampes d'usine... On y mange la même cuisine réconfortante et savoureuse qu'au Titanic, dont il est le petit frère : viandes mijotées en hiver, salades, potages, desserts doudou. C'est plus cher que dans une chaîne de *fast-food*, mais pas mal plus abordable que les tables formelles avec service à la table que l'on trouve dans le coin.

> Les amateurs de desserts au chocolat connaissent probablement le gâteau du Cluny rendu célèbre par le premier livre de Josée di Stasio.

- Quand on invite quelqu'un au Cluny pour un lunch de travail, on lui signifie qu'on est écolo, prodesign et pas du tout formaliste.
- Les tables étant assez proches les unes des autres, il y a peu d'intimité pour les conversations réellement secrètes. Mieux vaut alors attendre après 13 h, que les lieux soient moins remplis...
- Mention spéciale pour les pots de crème au chocolat!

 $ Ouvert le matin et le midi du lundi au vendredi
Fermé tous les soirs (ouvert seulement pour les événements spéciaux)
Fermé le samedi et le dimanche

Le Cluny ArtBar
257, rue Prince
Montréal
514 866-1213
www.cluny.info

Phillips Lounge

Le centre-ville se transforme et les restaurants de jadis, qui accueillaient les hommes d'affaires en leur servant un gros steak et un martini, dans une atmosphère de club enfumé ne peuvent plus survivre. La nouvelle clientèle, quand elle ne va pas jogger pendant sa pause du midi, cherche plutôt des lieux comme celui-ci : un espace allumé et aéré où on mange des repas nourrissants sans être copieux. Salades aux gésiers, sandwichs à la française qui réunissent rillettes et cornichons ou pan bagnat sont le genre de plats qu'on y sert. En entrée, une soupe froide tomate et orange rappelle à tous que le chef est un pro qui sait manier les saveurs et ne prépare rien à la légère. Pour un lunch moderne.

Ce lounge est le petit frère du Bistro Chez Julien, auquel il fait dos, mais s'adresse à une clientèle qui prend moins de temps pour luncher et cherche à dépenser moins aussi.

• Pour un lunch de travail rapide et simple.
• Pour ceux qui adorent la cuisine française du midi avec ses crudités et ses hot dogs baguette.

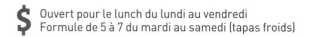

$ Ouvert pour le lunch du lundi au vendredi
Formule de 5 à 7 du mardi au samedi (tapas froids)

Philips Lounge
1184, place Phillips
Montréal
514 871-1184
www.phillipslounge.com

McKiernan

Tous les restos essaient de réinventer des plats aussi simples que les cochonnailles-cornichons ou les sandwichs aux rillettes ne réussissent pas nécessairement leur mission. McKiernan, oui. L'atmosphère est celle d'un casse-croûte. Il se fait appeler d'ailleurs luncheonette. Le décor, avec un peu de bois peint et quelques vieux objets, réussit à créer un style rétro sans artifice. Dans l'assiette, les salades fraîches et variées, les charcuteries et les plats de type *grilled cheese* repensé séduisent et réconfortent, tandis qu'une carte des vins originale, efficace et sans prétention offre toutes sortes de solutions intéressantes au verre pour accompagner le tout.

Nous avons eu un coup de cœur pour le sandwich au fromage fondu, avec fromage du Jura et poitrine fumée, le tout imbibé de parfums de thym et de romarin.

- Troisième adresse de l'équipe derrière Joe Beef et Liverpool House.
- Pour un lunch intéressant, avec un verre de vin, sans se ruiner.
- Les tables sont un peu trop serrées pour négocier une alliance d'affaires top secrète, mais c'est tout à fait assez convivial pour une rencontre de travail à bâtons rompus en mode contemporain informel.

$ ou $$

Ouvert le midi du mardi au vendredi
Ouvert le soir du mercredi au samedi
Ouvert pour le brunch le samedi

McKiernan
2485, rue Notre-Dame Ouest
Montréal
514 759-6677
www.joebeef.ca

Le Café Holt

Évidemment, on ne va pas au resto du grand magasin Holt Renfrew sans s'attendre à voir des gens très chics et à payer un peu cher. Ce n'est pas le restaurant bénévole Robin des bois. Mais pour un très bon et léger repas du midi, au centre-ville, dans un environnement très tendance, c'est une bonne idée. D'abord, le restaurant en soi est franchement joli et vitaminé avec son décor blanc et ses touches de couleur. Et ensuite, les plats y sont réellement bons, même si le menu est axé sur les tartines, que l'on prépare avec du pain Poilâne importé de France, concept pas trop écolo mais enfin, le résultat est délicieux : tartine à la crème fraîche aux baies et au miel pour le petit-déjeuner, tartine avec œuf poché, saumon fumé, champignons, tomates confites et basilic pour le lunch... La qualité des ingrédients est irréprochable, les agencements fonctionnent. Un petit sac Prada avec ça ?

> Le comble du *branding* : Chez Holt même le pain est griffé. Mais il est bon. Il n'y a pas à dire. Il est délicieux.

- Pour le plaisir de baigner dans l'atmosphère à la fois B.C.B.G. et branchée des *fashionistas* fréquentant Holt Renfrew.
- Pour un bon lunch au centre-ville, dans un univers assumant bien son côté féminin, où on n'arrose généralement pas la fin du repas avec deux verres de grappa.
- Pour faire une pause au milieu d'une journée entre filles, avec une copine, sa maman ou une belle-sœur.

$$ Ouvert selon les horaires du magasin

Le Café Holt
1300, rue Sherbrooke Ouest
Montréal
514 282-3750
www.holtrenfrew.com

Au Pied de cochon

Success story des années 2000 à Montréal, Au Pied de cochon fait maintenant partie des institutions de la métropole et s'est fait connaître aux États-Unis notamment avec sa cuisine spectaculaire, très riche et très carnivore et sa fameuse poutine au foie gras. Et en effet, comment ne pas craquer pour le magret aux champignons, la côtelette de cochon heureux, le foie gras au torchon ou la côte de bison braisée? Le chef-propriétaire, Martin Picard, aime cuisiner pour que ses plats contentent et goûtent profondément bon. Et ça marche. Le restaurant est toujours rempli, ce qui nécessite de réserver bien à l'avance. Surtout que les touristes raffolent de cette cuisine néo-rustique dont Picard a fait sauter les bornes. La guédille au homard, vous connaissez?

L'été, la viande tous azimuts laisse un peu de place aux fruits de mer du golfe du Saint-Laurent, que Picard veut nous faire découvrir. En plus des classiques homards, crabes, moules et huîtres, il offre sur des plateaux de glaçons à la parisienne des couteaux, des bigorneaux, des pétoncles, des lambies...

- On y va avec des gens qui aiment manger et qui ne comptent pas les calories. Excellent pour les groupes qui veulent partager de gros plats spectaculaires.
- Destination touristique incontournable pour ceux qui veulent goûter à une cuisine québécoise réinventée faisant une place exceptionnelle aux produits locaux.
- On peut y manger seul, au bar.
- Il faut réserver bien à l'avance.

$$$ Ouvert le soir seulement du mardi au dimanche
Fermé le lundi

Au Pied de cochon
536, avenue Duluth Est
Montréal
514 281-1114
www.restaurantaupiedecochon.ca

Bistro Cocagne

Installé rue Saint-Denis – là où était jadis Toqué! –, Cocagne est en quelque sorte le petit frère du grand restaurant. Le chef Alexandre Loiseau y prépare une cuisine réellement adroite – bravo, les mijotés! – visant à mettre en valeur les produits d'exception d'ici. Et c'est réussi. C'est ainsi qu'on y mange des framboises noires, du sanglichon (un croisement entre le cochon et le sanglier) ou alors de délicates fleurs de roquette sauvage ou même des boutons de marguerite. Et en saison, on organise des événements autour d'un produit typique, comme la pomme ou la tomate, que l'on décline du début à la fin du repas.

> Le plateau de fromages est toujours particulièrement bien garni de fromages québécois.

- Pour un beau et bon repas de grande qualité, à prix raisonnable (à l'été 2009, on faisait un quatre services à 33 $) et dans une ambiance détendue.
- Pour un repas en groupe, avec des clients venus d'ailleurs, par exemple.
- Pour faire connaître les produits québécois à des visiteurs de l'étranger.
- Pour un souper de filles ou un *double date*...

$$$ Ouvert seulement le soir
Fermé le mardi

Bistro Cocagne
3842, rue Saint-Denis
Montréal
514 286-0700
www.bistro-cocagne.com

La Cabane à sucre du Pied de cochon

Cette cabane est ouverte uniquement durant la saison des sucres, donc en mars, avril et mai, mais on ne pouvait pas ignorer ce nouveau haut-lieu de l'érable démarré en 2009 par les associés du Pied de cochon. C'est gargantuesque, c'est délicieux et on y décline la cuisine de Martin Picard sur le thème cabane à sucre : sashimi au canard trempé dans une sauce au soja et au sirop d'érable, tourtières au ketchup maison, soupe aux pois et au foie gras, salade frisée aux oreilles de Christ... C'est riche, c'est copieux, mais c'est savoureux et c'est ce qu'on attend d'une bonne cabane à sucre : qu'elle prenne les gens au sérieux et leur offre une cuisine québécoise allumée. Enfin.

> Cette cabane réconciliera bien des gens avec la cabane à sucre, une institution que certains fuient tellement on y mange trop souvent mal et platement.

- Pour faire découvrir la tradition de la cabane à sucre à des touristes en visite.
- Pour un repas de cabane à sucre festif en famille ou avec des amis. Évidemment, c'est plus cher que dans les cabanes traditionnelles – 45 $ par adulte – mais côté qualité, on est dans une autre ligue.
- En gang pour partager les plats sur la table.
- Il est important de réserver à l'avance.

 $$ Ouvert le soir du jeudi au dimanche (printemps 2009)
Ouvert le midi le samedi et le dimanche (printemps 2009)

La Cabane à sucre du Pied de cochon
11382, rang de la Fresnière
Saint-Benoît de Mirabel
450 258-1732
www.cabaneasucreaupieddecochon.com

Joe Beef

Le nom donne tout de suite le ton : Charles McKiernan, alias Joe Beef, était tavernier au XIXᵉ siècle et s'est rendu célèbre en distribuant gratuitement de la nourriture aux ouvriers en grève du canal Lachine. Aujourd'hui, Joe Beef, le restaurant, est comme celui qui en a inspiré le nom : il cherche la poésie loin de la dentelle, dans les choses simples et vraies. Le menu – tout comme la carte des vins – est inscrit sur une ardoise. Il varie selon les humeurs et les arrivages, incluant le potager maintenant installé dans le jardin par le chef Fred Morin et les deux autres copropriétaires, David McMillan et Allison Cunningham. Le lieu est exigu et permet une atmosphère réellement sympathique et conviviale. Service décontracté.

> Il ne faut pas oublier de demander, même si ce n'est pas inscrit au menu, ce qui est disponible côté fruits de mer. Le chef prépare de magnifiques plateaux de crustacés, huîtres et autres coquillages.

- Un restaurant où on peut aller en groupe, mais il faut réserver très à l'avance. En fait, même pour deux il faut s'y prendre tôt.
- Le niveau de décibels ne permet pas de doux tête-à-tête romantiques, et la proximité des tables empêche résolument les discussions secrètes.
- Tout près du marché Atwater.

$$$ Ouvert le soir seulement, du mardi au samedi
Fermé le dimanche et le lundi

Joe Beef
2491, rue Notre-Dame Ouest
Montréal
514 935-6504
www.joebeef.ca

PortusCalle

Un des peu nombreux restaurants montréalais à être tenus par une femme, le PortusCalle est un endroit souriant où l'on se rend pour y savourer des tapas à la portugaise même si l'ambiance et le décor lui donne presque des airs de lounge. Chorizo, morue, sardines, calmars, crevettes et compagnie sont apprêtés avec beaucoup de finesse et de savoir-faire, par Helena Loureiro, qui conjugue allègrement tous ces ingrédients sur des thèmes portugais traditionnels : grillades, salades aux huiles d'olive fines, ail, piment... Pour les desserts, on reste dans les classiques : flans et autres puddings portugais, qu'on allume avec un petit verre de porto frais. Bref, produits de qualité, plats finis avec soin. Pour un repas réconfortant et chaleureux qui fait penser au soleil et à la plage.

> Une adresse à retenir si on aime bien sortir dans l'ambiance du boulevard Saint-Laurent, tout en mangeant quand même bien.

- Pour sortir sur Saint-Laurent ET bien manger.
- Pour une deuxième ou une troisième soirée en tête-à-tête : celle où l'on apprécie encore qu'il y ait une ambiance animée dans le resto, mais où l'on commence à partager les plats...
- Pour sortir avec des amis de passage en ville ou célébrer un anniversaire avec un groupe d'amis d'enfance.

$$ Ouvert le midi du lundi au vendredi
Ouvert le soir du lundi au samedi
Fermé le dimanche

PortusCalle
4281, boulevard Saint-Laurent
Montréal
514 849-2070

Mythos

Installé depuis plusieurs années dans le quartier grec tradition-nel, le Mythos est un lieu de fête. Les vendredis et samedis, l'orchestre joue de la musique. Ja-dis, on y cassait même des assiettes! C'est la Grèce du soleil, du jus de citron, du poisson, de l'ail et des saveurs vitami-nées. L'endroit est propret, l'espace immense et aéré, et avec ses fresques de bacchanales, a un côté un peu *kitsch*, mais gai et confortable. À la carte, beaucoup de plats de la mer et beaucoup d'entrées : aubergines et courgettes frites, tzatziki, calmars, salade de pieuvre grillée, poivrons rouges grillés et nappés d'huiles d'olive, bref tout ce qu'on aime de la Médi-terranée.

> À essayer : l'agneau en «gastra», c'est-à-dire cuit longuement à l'étouffée dont la viande se détache à la fourchette.

- Pour un souper entre filles qui aiment bien le soleil de la Méditerranée, le poisson et le vin grec.
- Pour se sentir en plein été en plein hiver.
- Pour les amateurs de poisson, les prix sont plus raison-nables que chez Milos, qui est à deux pas.

$$ Ouvert tous les soirs
Ouvert pour le lunch, sauf le samedi

Mythos
5316, avenue du Parc
Montréal
514 270-0235
www.mythos.ca

Lezvos Ouest

Plafond bas, lumière feutrée, on est loin du bleu et blanc lumineux de la Grèce des cartes postales dans ce Lezvos du boulevard Décarie, perdu entre une autoroute, une station de métro et un quartier résidentiel....

Mais il suffit de goûter à la salade d'aubergines grillées ou à celle de poivrons multicolores pour comprendre que le soleil, il est dans l'assiette. Poissons entiers grillés à l'huile d'olive et au citron – et que l'on choisit frais, sur un grand plateau –, riz aux tomates, gigantesque assiette de beaux fruits frais au dessert (poires orientales, mangues, pamplemousse, orange, muscat, figues de Barbarie, kiwi, melon, pastèque, ananas) : Lezvos propose exactement le genre de repas simple que l'on partage en famille, l'été, en regardant la Méditerranée, l'été. Certes, ce n'est pas compliqué. Mais on ne s'en lasse pas. Et c'est moins cher que chez Milos.

> Installé aux abords de l'autoroute Décarie, ce restaurant est bien situé pour un rendez-vous entre un résidant de la Rive-Nord et un autre de la Rive-Sud... Il compte maintenant aussi une succursale à Saint-Sauveur.

- Excellent pour une rencontre entre plusieurs personnes provenant de différents coins de la ville.
- On peut très bien y aller avec les enfants ET les grands-parents.
- Excellent pour les soupers de filles, surtout s'il y en a dans le groupe qui ne jurent que par le poisson et les fruits, qui, là, ne seront pas ennuyeux.

$$ Ouvert seulement le soir, tous les jours

Lezvos Ouest
4235A, boulevard Décarie
Montréal
514 484-0400

Graziella

Pour de la bonne cuisine italienne bourgeoise parfaitement préparée, difficile de faire mieux que chez Graziella Battista, un de nos restaurants italiens préférés à Montréal. Sobre et élégant, l'établissement du Vieux-Montréal incarne la classe et le chic italien façon Milan, sans clinquant. On est loin de Versace, plutôt vers Armani, Prada… Installé dans un lieu aux plafonds vertigineux, Graziella est sobrement élégant, et sa cuisine va exactement dans ce sens : plats parfois minimalistes, souvent classiques, très fins et infiniment savoureux. Et cela, que l'on choisisse une salade de roquette au parmesan ou un osso buco accompagné d'un risotto à la milanaise entouré d'un jus de viande profond et onctueux, tout simplement parfait.

Un rare restaurant italien où les desserts sont préparés avec autant de soin et de précision que le reste. Essayez notamment le semifreddo au nougat ou les cannolis.

- Pour un lunch d'affaires très classe.
- Pour une soirée chic et calme, entre parents qui ont envie de se reposer les oreilles et le moral.
- Pour tous ceux qui adorent la très bonne cuisine italienne.

$$$ Ouvert le midi du lundi au vendredi
Ouvert le soir du lundi au samedi
Fermé le dimanche

Graziella
116, rue McGill
Montréal
514 876-0116
www.restaurantgraziella.ca

43

Brontë

Plus discret que certains autres grands restaurants de Montréal, Brontë fait partie des très bonnes tables de la métropole. Parfois on aime bien avoir l'impression que l'on a déroulé le tapis rouge juste pour nous. Brontë est ainsi. Papardelle au lapin braisé, œuf poché aux truffes et au bouillon de parmesan, ris de veau aux calmars et au chorizo... La cuisine est soignée, créative sans être déroutante, préparée avec des produits impeccables, et on l'accompagne de vins précisément en accord. Le chef Joe Mercuri est d'origine italienne et, s'il y a une caractéristique de cette cuisine qui transcende tous les plats, c'est la primauté du goût sur la forme et la technique. Oui, tout peut être beau et fou, mais il faut aussi que ce soit très bon. Et chez Brontë, l'acrobatie ne dame jamais le pion aux saveurs.

> Installé dans l'hôtel Méridien, Brontë n'est pas un restaurant branché pour la foule du moment. Ce n'est pas non plus un lieu traditionnel, puisque le décor y est moderne.

- Clairement dans la liste des restaurants où l'on va célébrer une belle occasion ou pour faire très très plaisir à quelqu'un, que ce soit un client ou un amoureux.
- Pour ceux qui veulent une soirée chic hors des sentiers battus.
- Pour ceux qui veulent être traités aux petits oignons.

$$$ Ouvert seulement le soir du mardi au samedi
Fermé le dimanche et le lundi

Brontë
1800, rue Sherbrooke Ouest, Montréal
514 934-1801
www.bronterestaurant.com

Vertige

Riz de veau à la sauce madère, caille farcie aux raisins... Mis à part quelques nouveautés très contemporaines comme le pâté chinois au canard confit, le menu du Vertige est un de ceux que l'on recherche pour ses valeurs sûres, pour ses classiques de la gastronomie française bourgeoise parfaitement bien exécutés. Le décor n'est ni excentrique, ni moderne, ni petite-fleurs-dentelles comme certains restaurants français qui n'arrivent pas à se moderniser. Il crée plutôt un cocon sûr où les amateurs de gastronomie classique se retrouveront. Intéressant concept : le menu est maintenant presque «ajustable» pour tous les budgets puisqu'on peut prendre des versions «de luxe» de certains plats ou alors transformer une assiette en table d'hôte pour quelques dollars de plus.

Durant le Festival Montréal en Lumière, Vertige laisse aller son côté plus fou en invitant des chefs d'un peu partout.

- Installé à côté du Pied de cochon, ce resto souffre d'ailleurs probablement un peu de se retrouver continuellement comparé, malgré lui, à ce voisin spectaculaire.
- Une adresse impeccable si on veut faire plaisir à des amateurs de bonne cuisine française classique qui aiment les restaurants traditionnels.

$$$ Ouvert seulement le soir du lundi au samedi
Fermé le dimanche

Vertige
540, avenue Duluth Est
Montréal
514 842-4443
www.restaurantvertige.com

Primo & Secondo

Installé à l'ouest du marché Jean-Talon, au cœur de la Petite Italie, Primo & Secondo ne fait pas partie des restaurants montréalais où l'on va pour montrer son dernier tatouage ou son sac à main Prada. Les gens qui le fréquentent préfèrent le luxe tranquille d'un plat de tagliatelles aux truffes, d'un steak d'espadon aux câpres ou d'une côte de veau format géant. Pour savourer une cuisine italienne bourgeoise du moment, directement branchée sur le marché, qui est à côté.

Si vous revenez d'Italie ou que vous avez envie de partir en Italie, Primo & Secondo vous donnera l'impression, pendant quelques instants, d'être ailleurs, avec ses plats hyper classiques comme la bresaola (viande de bœuf séchée) servie avec roquette, parmesan et un filet d'huile d'olive extra vierge.

- Un restaurant pour adultes gourmands.
- Excellent pour partager un repas avec un autre couple en visite en ville ou pour un repas d'affaires à l'extérieur des circuits de lieux communs du centre-ville.

$$$ Ouvert le midi du mardi au vendredi
Ouvert le soir du mardi au samedi
Fermé le dimanche et le lundi

Promo & Secondo
7023, rue Saint-Dominique
Montréal
514 908-0838
www.primoetsecondo.com

Il Mulino

Cette élégante adresse habillée de brun et de crème rappelle les grands restaurants de campagne du pays qui nous a donné l'osso buco et les tagliatelles aux truffes. Et la cuisine du chef Tony DeRose, un vétéran de la gastronomie italienne et remarquable ambassadeur des meilleurs produits de ce pays en ville, est tout aussi élégante. Les préparations de pâtes, de volailles, de viandes ou de risottos sont toujours cuisinées en fonction des saisons. Même les antipasti, que le chef prépare selon les humeurs des saisons, échappent aux lieux communs habituels. Service professionnel. Une grande maison, avec prix en conséquence...

> Si la carte des vins peut vous réserver bien des surprises, à tous les points de vue, elle est aussi l'occasion d'apprendre à découvrir des crus italiens uniques et rares.

- Pour célébrer une grande occasion dans un lieu de grandes personnes qui veulent réellement bien manger et être dorlotées.
- Pour gâter des amis en visite à Montréal (ceux qui vous ont hébergés pendant un mois à Londres ou qui ont gardé vos enfants pendant deux semaines à la campagne...).
- Pour le genre de tête-à-tête où l'on se déclare de belles choses importantes.

$$$ Ouvert seulement le soir du mardi au samedi
Fermé le dimanche et le lundi

Il Mulino
236, rue Saint-Zotique Est
Montréal
514 273-5776
www.ilmulino.ca

La Salle à manger

Installé rue Mont-Royal, sur le Plateau, ce restaurant s'impose par la qualité de ce qu'il sert et l'élégance *cool* de son décor combinant habilement modernité et matériaux récupérés – les tables sont en allées de bowling. Au menu : tartares, cochonnailles et classiques réinventés, comme cette entrée de mozzarella di buffala servie avec une purée d'olives vertes et un biscotti au citron confit. C'est bruyant, c'est vrai, mais on y mange bien et on s'y plaît qu'on soit en groupe ou à deux. On peut même s'asseoir au comptoir et manger seul.

Si on y va avec des enfants, pourquoi ne pas commander un canard grillé à partager, farci aux lentilles, carottes, champignons et caché sous une montagne de roquette fraîche.

- Parfait pour un repas en groupe, surtout qu'on peut partager certains plats.
- Atmosphère allumée, bruyante, mais toujours bien **vivante**.
- Pour manger seul sans être isolé.

$$ ou $$$

Ouvert tous les soirs, incluant le dimanche et le lundi

La Salle à manger
1302, avenue du Mont-Royal Est
Montréal
514 522-0777
www.lasalleamanger.ca

L'Express

L'Express est une institution. Il ne change pas. C'est LE restaurant de Montréal où l'on peut aller à deux mois, deux mois ou 20 ans d'intervalle est manger la même chose, exactement, que ce soit un steak frites, un os à moëlle ou du canard confit. On y va souvent pour faire plaisir à tout le monde lorsqu'on est avec un groupe aux goûts disparates ou alors pour apprécier des classiques de la cuisine française de brasserie. Fondé au début des années 80, L'Express est le restaurant où bien des Montréalais auront découvert les rognons à la moutarde, les rillettes de lapin, le pot-au-feu au gros sel ou l'île flottante. Autres avantages de ce restaurant : on peut y manger seul au comptoir, il est ouvert très tard et il y a toujours foule et beaucoup d'animation.

> Les amateurs de vins adorent sa carte remplie d'importations privées pas nécessairement chères.

- Heures d'ouverture très pratiques si on veut manger tard, d'où sa popularité auprès des gens de cinéma, de pub et de théâtre.
- Une cuisine hyper-classique et très constante, qui finit par rallier même les plus difficiles.
- Un bon endroit pour voir du monde, que ce soit les habitués du quartier ou les vedettes locales qui vont y manger après un spectacle.
- Le bar permet d'y manger seul.

 $$ Ouvert tous les jours, le matin le midi et le soir

L'Express
3927, rue Saint-Denis
Montréal
514 845-5333

Leméac

Installé avenue Laurier Ouest, Leméac s'impose tranquillement comme la cantine du quartier allant de l'Outremont-ma-chère aux abords du Mile-End. Que l'on aime le poisson ou la viande, les classiques ou un peu de créativité culinaire, on apprécie Leméac. Mais, tout comme l'Express, c'est aussi un resto où on va se blottir contre des valeurs sûres : un pavé de foie de veau ou de morue noire, un boudin, un tartare aux pommes allumettes, gaspacho de tomates oranges... Les prix ne sont pas ceux d'un Saint-Hubert, mais ceux qui le veulent peuvent même aisément y aller avec les enfants puisque le menu contient des classiques qui leur plaisent, que ce soit le steak-frites, l'omelette ou le canard confit.

> L'été, une très agréable terrasse couverte longe le restaurant et permet de profiter du beau temps tout en regardant les gens passer rue Laurier.

- Si on est seul, on peut manger au bar et placoter avec le sommelier.
- Excellent endroit pour emmener manger une personne qui sort peu, un dimanche midi, une tante âgée, par exemple.
- Le brunch du week-end est d'ailleurs tout indiqué pour une sortie multigénérationnelle de fête des Mères ou des Pères, un anniversaire, etc.
- En revanche, après 22 h, les soirs de semaine, le menu à prix fixe fort abordable rend ce resto populaire auprès d'une clientèle dans la vingtaine et la jeune trentaine.

$$ Ouvert tous les midis et tous les soirs
Brunch les week-ends
Terrasse chauffée de fin mars à début décembre

Leméac
1045, avenue Laurier Ouest
514 270-0999
www.restaurantlemeac.com

Tapeo

Installé dans Villeray, dans un lieu tout nouvellement rénové et légèrement agrandi, Tapeo propose une formule toute simple : des petites assiettes à partager en enfilade, à l'espagnole. Calmars frits, chorizo, crevettes à la plancha, champignons farcis, tomates en grappe, escargots, frites-allumettes extrêmement délicates, que les enfants engloutiront en quelques secondes... De la tortilla de patatas (omelette aux pommes de terre revenues dans l'huile d'olive) relevée au chorizo et coiffée d'un concassé de tomates fraîches aux pétoncles aux lardons et à la gelée de coings, tout est imprégné des saveurs douces, chaudes et fumées de la péninsule ibérique. Les tomates en grappe, confites dans l'huile d'olive et servies avec du chèvre, font partie de ces plats dont on se souvient des mois plus tard.

> Pour le dessert, on choisit les churros, ces beignets longs et étoilés que les Espagnols dévorent au goûter ou au petit-déjeuner, trempés dans une tasse de chocolat épais comme de la sauce.

- Excellent pour une petite soirée entre vieux copains ou un bon classique souper de filles.
- Les enfants adorent plusieurs des petits plats. Les parents aussi.

$$ Ouvert le midi du mardi au vendredi
Ouvert le soir du mardi au samedi
Fermé le dimanche et le lundi

Tapeo
511, rue Villeray
Montréal
514 495-1999
www.restotapeo.com

La Sirène de la mer

La Sirène de la mer fait partie des institutions de la communauté libanaise montréalaise, qui s'y retrouve pour célébrer de grandes occasions ou tout simplement partager des repas conviviaux. Le dimanche, c'est plein, et on peut y apercevoir d'immenses familles allant des arrière-grands-parents aux bébés, où tous savourent ensemble une cuisine libanaise classique impeccablement constante. Bon niveau de décibels, incroyable patience des serveurs, atmosphère franchement sympathique... Pour choisir son poisson, on va dans la poissonnerie adjacente. Les ingrédients sont frais, et l'usage abondant de jus de citron et de persil donne aux plats des airs d'été, peu importe la saison. Du *baba ganoush* aux calmars frits, en passant, évidemment, par tous vivanneaux, loups, bars et compagnie offerts par ce restaurant spécialisé en produits de la mer, comme son nom l'indique, tout est ensoleillé et savoureux. Un classique.

Au dessert, nous avons été très agréablement surpris par une pâtisserie appelée katayef, qui consiste en une crêpe farcie de fromage blanc et couverte de morceaux de pistache et de miel parfumé à l'eau de fleur d'oranger.

- Pour un repas en famille ou en groupe.
- Pour manger du poisson frais apprêté avec simplicité et cuit avec justesse.
- Idéal pour prendre un bon repas en compagnie de jeunes enfants qui seront accueillis avec le sourire.

$$ Ouvert tous les jours, le midi et le soir

La Sirène de la mer
1805, rue Sauvé Ouest
Montréal
514 332-2255

Rôtisserie Laurier

Année après année, décennie après décennie, le Laurier, comme l'appellent les habitués, ne change pas. On y va pour manger d'abord et avant tout du poulet grillé et des frites avec de la sauce, qui ont le même goût depuis notre tendre enfance. Parfois on ajoute un morceau de tarte, une soupe poulet et nouilles, une salade... Restaurant familial par excellence, on y mange des plats simples sans l'ombre d'une prétention. Mais on aime parce que contrairement à bien d'autres, le Laurier perpétue ses traditions sans faire de compromis industriel. Pas de sauce fluo pour les enfants, pas de crème glacée émulsionnée aux gras trans couverte de bonbons industriels. À part les croquettes de poulet, tout est fait maison, du « hot chicken » à la soupe à l'oignon.

> Les plats classiques qui ont fait sa renommée sont le poulet grillé avec frites, la salade laurier et sa vinaigrette légèrement tomatée et son gâteau moka. Nous préférons cependant clairement et incontestablement la tarte au chocolat avec vraie crème fouettée, suivie de près par celle au citron.

- Pour un repas en famille. Succès garanti.
- Pour un repas nostalgique du dimanche soir en revenant de la campagne.
- Une idée nouvelle à lancer à des ados.

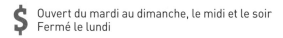

$ Ouvert du mardi au dimanche, le midi et le soir
Fermé le lundi

Rôtisserie Laurier
381, avenue Laurier Ouest
Montréal
514 273-3671

La Bottega

La meilleure pizza en ville. De la vraie, comme à Naples, sans garnitures baroques mais avec une croûte divine, croustillante à l'extérieur, moelleuse à l'intérieur... Pour bien en profiter, on prend donc les classiques: la Margherita à la tomate, mozzarella fraîche et basilic ou même une marinara, avec tomates San Marzano – la variété typique de la région napolitaine – huile d'olive, ail et origan. Et dès l'entrée on se met dans l'ambiance sud-italienne avec des arancini – boules de riz frites – ou une bonne salade caprese avec du fromage de lait de bufflone. Notre seul reproche : une carte des bières trop courte. Pourtant, n'est-ce pas ce qu'on boit, typiquement, avec la pizza en Italie?

Dans le temps de Pâques, la Bottega propose la pastiera di grano, un dessert napolitain typique. Et en été, on se régale de gelati artisanaux.

- Pour un repas en famille décontracté, mais de qualité le vendredi soir.
- Pour les vrais amateurs de pizza.
- Pour un petit repas en tête-à-tête très simple, mais civilisé, un mardi soir...
- On peut manger dehors, mais sur le trottoir où l'on a installé quelques tables.

$$ Ouvert seulement le soir, du mardi au dimanche
Fermé le lundi

Le Bottega
65, rue Saint-Zotique Est
Montréal
514 277-8104
www.bottega.ca

Prato Pizzeria

Cette pizzeria du boulevard Saint-Laurent a l'ingrédient de base pour faire de la bonne pizza : un magnifique four à bois d'où elles sortent avec des formes un peu baroques, mais toujours délicieuses. Les meilleures sont les plus simples, celles qui ont le moins d'ingrédients. Peut-être un peu moins proche de la vraie pizza napolitaine que celles de la Bottega, mais ce qu'on perd en finesse culinaire on le gagne en sérénité, car l'atmosphère du restaurant est plus calme.

> Comment ne pas aimer le jeu de baby-foot au fond du restaurant?

- Pour un repas en famille pas compliqué, mais bon.
- Si on doit manger dans le quartier Saint-Laurent-Sherbrooke et qu'on a envie à la fois de bien manger et de ne pas payer un prix fou.
- Pour deux papas qui sortent ensemble avec leurs enfants...

 Ouvert le midi du lundi au vendredi
Ouvert le soir du lundi au samedi
Fermé le dimanche

Prato Pizzeria
3891, boulevard Saint-Laurent
Montréal
514 285-1616

Crêpe et galette

Les crêpes étaient très à la mode au Québec durant les années 70, puis on les a oubliées. Mais elles font maintenant un retour dans nos assiettes et un des meilleurs endroits pour constater à quel point elles sont polyvalentes et amusantes est à Boucherville. Crêpe et galette a ouvert en 2009, dans un petit centre commercial d'un coin de Boucherville en plein développement. Son décor est simple et aéré. Et ses crêpes se déclinent sur des airs modernes charmants. Essayer celle à l'œuf, asperges, parmesan et huile de truffes. Ou celle au caramel et fleur de sel. Ce petit restaurant veut bien faire les choses et ça paraît. Les ingrédients utilisés sont de qualité. Les agencements sont précis et intéressants. Une belle nouveauté.

La cuisine est ouverte et permet aux enfants de regarder le crêpier préparer ses crêpes en étendant la pâte sur une plaque ronde brûlante, avec un petit râteau spécial.

- Pour un repas en famille pas compliqué.
- Pour un lunch amusant avec une tante ou un grand-père nostalgique de l'autre belle époque de la crêpe.
- Pour une petite pause lunch rapide on prend une crêpe salée, mais si on veut s'installer pour un vrai repas, on s'éclate en commandant aussi une crêpe dessert et pourquoi pas une crêpe flambée.

$ Ouvert midi et soir du mardi au dimanche

Crêpe et galette
1052, Lionel-Daunais
Boucherville
450 906-0875

Tchang Kiang

Même si toutes sortes de nouvelles adresses chinoises ouvrent à Montréal par les temps qui courent, alimentées par le venue de chefs du nord de la Chine, Tchang Kiang, à Notre-Dame-de-Grâce, demeure parmi nos préférées. Ouvert depuis plus de 30, cette adresse est tout simplement une belle valeur sûre. Avec les années, on l'a rénovée et on a adapté son menu pour l'enrichir de mets et de saveurs graduellement découverts par les Occidentaux (notamment les parfums du Séchouan). Mais Tchang Kiang demeure un bon restaurant chinois offrant un excellent rapport qualité-prix et surtout, surtout, un lieu chaleureux où on se sent toujours bienvenu. Que l'on choisisse les classiques egg rolls, les ravioles sautées à la poêle ou les spécialités du jour (il faut absolument demander un plat de poulet ou de bœuf aux champignons noirs qui n'est pas nécessairement sur le menu), tout est préparé avec soin. Essayez aussi le poulet en papillote, une création unique du père de la propriétaire actuelle.

Les hôtes de Tchang Kiang sont très accueillants avec les enfants à qui ils remettent des baguettes spéciales attachées ensemble, afin de leur permettre de manger comme les grands.

- Pour un repas en famille pas compliqué.
- Même si on est dans l'ouest de la ville, le français règne dans ce restaurant dont le fondateur a passé quelque temps à Paris après avoir quitté Hong Kong, avant de s'établir à Montréal.

$$ Ouvert le midi du mardi au vendredi
Ouvert le soir du mardi au dimanche
Fermé le lundi

Tchank Kiang
6066, rue Sherbrooke Ouest
Montréal
514 487-7744

Ezo

Ezo c'est le surnom d'Élisabeth Daou, dont la famille a fondé et dirigé les restaurants Daou, ceux qui ont fait connaître mezze et grillades du Moyen-Orient aux Montréalais il y a de ça déjà plusieurs décennies. Aux cuisines, Mme Daou fait des miracles avec une salade d'aubergine, une tarte au thym, une fatouche toute simple, mais bien acidulée et craquante ou un shish kebab qui se taille pratiquement à la fourchette. Tous les classiques libanais y sont offerts, impeccables. Malgré un décor quelconque, on en sort avec une seule envie, celle d'y retourner. Il faut dire que l'accueil, comme la cuisine, est particulièrement chaleureux et sympathique.

> Pour un bon repas après une séance de *shopping* chez Mountain Equipment Coop ou dans les nombreux centres commerciaux du coin.

- Pour un repas du midi ensoleillé. Parfait en plein hiver!
- Pour un repas du soir en famille. Comme dans tous les bons restaurants libanais, les enfants y sont accueillis avec un grand sourire.
- Parfait lorsqu'on est une grande tablée.
- Côté vin, la carte est modeste avec ses quelques crus archiconnus, mais à prix corrects.

$ ou $$ Ouvert le midi et le soir du mardi au dimanche
Fermé le lundi

Ezo
9440, boulevard de l'Acadie
Montréal
514 385-6777
www.restaurantezo.com

Chanchaya

Installé dans un petit *mall* du boulevard Saint-Martin ouest, à Laval, Chanchaya ne s'affiche pas haut et fort. Mais quand on prend la peine d'y entrer et de goûter à sa cuisine, on constate qu'on y sert une cuisine pas mal plus soignée et authentique que la plupart des établissements ainsi excentrés. Lors de notre passage, les enfants ont adoré les crevettes à la citronelle, le Pad Thai, le bœuf servi encore crépitant de chaleur... Les dumplings à la sauce aux arachides ont aussi été fort appréciés. Évidemment, on n'est pas en Thaïlande, on est à Laval. Avis aux puristes. Mais ce restaurant montre qu'il y a moyen de trouver autre chose que des saveurs édulcorées une fois qu'on a traversé la rivière des Prairies.

> Les propriétaires indiquent très clairement quels plats sont épicés et quels plats ne le sont pas. Et ceux qui ne le sont pas, ne le sont vraiment pas. Donc aucune crainte à y avoir pour les palais sensibles des enfants.

- Pour un repas familial ou en groupe, ou même un tête-à-tête du mardi, hors des sentiers battus.
- Si vous cherchez à éviter les succursales des grandes chaînes de restaurants qui sont si nombreuses en banlieue.

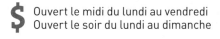

$ Ouvert le midi du lundi au vendredi
Ouvert le soir du lundi au dimanche

Chanchaya
327, boulevard Saint-Martin Ouest
Laval
450 967-9466

QUEL PRIX
VOULEZ-VOUS PAYER?

La Montée

La Montée de lait (jadis rue Villeneuve, sur le Plateau), n'est plus. Mais la Montée, rue Bishop au centre-ville, lui a succédé brillamment. Pas étonnant : l'équipe formée par le chef Martin Juneau et son comparse sommelier, en salle, Hugo Duchesne est toujours au poste. En fait, disons les choses simplement, le restaurant n'a fait que déménager, gardant sa fraîcheur et sa simplicité et sa qualité et puisant même une nouvelle énergie de sa présence au centre-ville, dans la zone près de Concordia qui est en pleine ébullition. La formule n'a pas changé non plus : succession de petits plats de tailles moyenne, qui sont raffinés sans être trop excentriques. Pétoncles à la crème d'oignon, veau sur céleri-rave avec sauce au sirop d'érable...

Les lieux sont plus grands qu'avant et il y a maintenant une salle à l'étage où l'on peut organiser des repas de groupes, notamment pour le travail. Une terrasse avec auvent a aussi été inaugurée à l'été 2009.

- C'est le resto que tous les amateurs de bonne cuisine aiment, alors on peut facilement y aller avec un groupe d'amis un peu disparate.
- N'hésitez pas à choisir les vins au verre sélectionnés pour accompagner chaque plat.
- Excellent pour les soupers de filles ou pour impressionner les touristes en leur disant que c'est un petit resto de quartier comme ça, tout simple...

$$ Ouvert le midi du lundi au vendredi
Ouvert le soir du lundi au dimanche
Fermé le dimanche

La Montée
1424, rue Bishop
Montréal
514 289-9921
www.lamontee.ca

Mas

Dans un local sobre et étriqué de Verdun, tout sur le long, avec une petite mezzanine et des tables collées sur celles des voisins, ce Mas n'a rien d'un mas: il est contemporain, urbain, montréalais, et sa cuisine n'a de provençal que certains ingrédients. Ce petit troquet chic, impeccablement tenu, propose une carte bien faite et malicieuse, ouverte aux tendances actuelles. Ainsi, une salade de betteraves au fromage de chèvre rassemble quartiers d'oranges, pistaches rôties, persil et chèvre frais tandis qu'une crème de maïs douce s'enhardit de quelques noisettes grillées. Et ce ne sont que les entrées. Imaginez le repas complet, trois services, pour à peine 30 $ par personne. Génial.

> Actuellement, un des meilleurs rapport qualité/prix en ville pour ce genre de cuisine du marché et du moment.

- On y va en couple ou avec quelques amis, mais le restaurant est trop petit pour accueillir un groupe important.
- Pour un rendez-vous amoureux ou des retrouvailles d'amis.
- Il est crucial de réserver. Le resto n'est pas grand et très populaire.

$$ Ouvert le midi du mercredi au vendredi
Ouvert le soir du mercredi au samedi

Mas
3779, rue Wellington
Verdun
514 544-3779
www.mascuisine.com

Decca77

La salle est immense. Toute noire. Le plafond vertigineux. Certains la trouvent froide, d'autres, incroyablement élégante. Dans d'autres grandes villes américaines, ce genre d'environnement entraîne des factures aussi pharaoniennes que le décor. Chez Decca77, le menu à prix fixe, le soir, était à 35 $ au moment de mettre sous presse. C'est un bon prix pour une cuisine du marché délicate, très soigneusement préparée et présentée, et qui cherche à mettre en valeur les produits locaux auxquels l'on ajoute quelques petites notes exotiques : cuisse de pintade confite, choucroute et jus à la moutarde, crabe à carapace molle en tempura sur riz au jasmin à la banane et mayonnaise épicée...

> Excellente destination moderne pour un repas d'affaires sérieux au centre-ville.

- Décor impressionnant et cuisine fine qui *ont l'air* de coûter une fortune, mais à prix raisonnables : que dire de plus? Client à épater, blonde à tendance princesse, copine un peu snob qui ne jure que par le granit noir... Ce restaurant peut vraiment combler plusieurs besoins, surtout qu'il est à deux pas du Centre Bell.
- À éviter si on ne jure que par le rustique ou la dentelle.

  Ouvert le midi du lundi au vendredi
Ouvert le soir du lundi au samedi
Fermé le dimanche

Decca77
1077, rue Drummond
Montréal
514 934-1077www.decca77.com
www.decca77.com

La Porte

La Porte est une des bonnes adresses de Montréal et on connaît trop peu ce restaurant sérieux, où l'on va déguster un menu à cinq (ou six ou sept) services pour un prix très raisonnable vu la qualité. De plus, l'ambiance y est relax et pas du tout « nappe blanche coincée » grâce à un décor chaleureux et juste assez soigné, recherché sans être chargé, subtil sans être dénudé. On n'est pas dans la formule petits-plats-enchaînés-façon-tapas, mais on n'est pas non plus dans le décorum des grandes occasions. La Porte se trouve quelque part entre les deux. Avec des assiettes assemblant, par exemple un carpaccio de betterave et un autre de pétoncles avec émulsion fumée ou alors une omble de l'Article cuite longuement à très très basse température avec morilles et petit pois, le chef Thierry Rouyé nous rend vite heureux. Alors qu'on est au cœur du boulevard Saint-Laurent tape-à-l'œil, on en est très loin lorsqu'on regarde l'assiette et les autres convives. Un autre monde.

> Même si on est au cœur d'une zone très fréquentée du boulevard Saint-Laurent, aller à La Porte n'est pas un problème lorsqu'on est en voiture : il y a un parking à l'arrière pour les clients du restaurant.

- Excellent pour les tête-à-tête.
- Cuisine française recherchée sans être trop excentrique.
- Très belle carte de vins remplie de crus inattendus.
- Dans ce coin branché de Saint-Laurent, c'est un des rares endroits où on accorde plus d'importance à la qualité gastronomique du contenu des assiettes qu'à la longueur des jambes des serveuses.

 Ouvert le midi du mardi au vendredi
Ouvert le soir du mardi au samedi
Fermé dimanche et lundi

La Porte
3627, boulevard Saint-Laurent
Montréal
514 282-4996
www.restaurantlaporte.com

65

La Fabrique

Dernier-né de la famille des restaurants démarrés ou codémarrés par le chef Laurent Godbout, la Fabrique propose une cuisine ménagère réinventée et travaillée. Ainsi, une soupe aux pois est enrichie de savoureux morceaux de lardons et servie avec une crème battue à l'érable, qui disparaît telle une brume tandis qu'une salade de haricot devient une duxelles complexe de céleri, de haricots verts très fins, de croûtons, d'amandes, de zeste de citron, de gingembre frais et de tomates confites. La déco, qui fait post-industrielle rustique, avec du bois, du béton, de la tuile et des ampoules toutes simples, crée l'atmosphère urbaine déglinguée-soignée de rigueur. Les portions sont copieuses et les prix, donc, raisonnables car on peut partager les plats ou survivre aisément avec deux entrées. Surtout que l'atmosphère informelle le permet très bien.

À La Fabrique, la cuisine est totalement ouverte. On voit les chefs cuisiner. On les regarde poêler les pétoncles ou composer les assiettes, que ce soit une délicieuse et toute simple laitue verte à la crème fraîche ou un des nombreux tartares au menu.

- On y va entre amis, pour un tête-à-tête informel ou avec les copines.
- Un de ces restaurants qui convient autant aux soupers de gars qu'aux soupers de filles.
- Plusieurs plats, comme les grosses carafes de potage, peuvent aisément être partagés.

$$ Ouvert tous les soirs
Ouvert le dimanche pour le brunch

La Fabrique
3609, rue Saint-Denis
Montréal
514 544 5038
www.lafabriquebistrot.com

Cuisine et dépendance

Le restaurant du chef Jean-Paul Giroux et de Danielle Matte est simple, frais et élégant. Le menu, écrit à la main sur un rouleau de papier blanc, y change tous les jours selon les saisons et les arrivages du marché. La cuisine est simple, mais très bien exécutée, un peu humble et délicate. Plat mémorable : une joue de veau braisée aux poireaux et aux noix, d'une mollesse fine et fondante, craquante en surface, qui la faisait jouer dans la même cour que le foie gras. Espadon mi-cuit, déposé sur un lit de poivron rouge à peine amolli, souris d'agneau braisée dans son jus servie avec compote d'aubergines, poignée de girolles... Ce n'est pas là que l'on trouvera de la cuisine fusion avec réduction de soja au yuzu. Cuisine et dépendance préfère plutôt la cuisine française classique et se fie à ses techniques précises et ancestrales pour capter les saveurs.

Ce restaurant offre aussi des plats cuisinés à emporter.

- Décor simple, mais chouette, moderne et aéré.
- Cuisine française vitaminée.
- Parfait pour tous ceux qui aiment la cuisine française, mais qui détestent les lumières trop tamisées et les rideaux de velours.

$$ Ouvert le midi le jeudi et le vendredi
Ouvert tous les soirs

Cuisine et dépendance
4902, boulevard Saint-Laurent
Montréal
514 842-1500
www.cuisineetdependance.ca

Kitchen galerie

La cuisine robuste, mais bien sentie, du trio de jeunes chefs de Kitchen Galerie leur a valu un nouveau défi : le bistro Chez Roger. Mais ceci ne les empêche pas de veiller encore sur leur adresse de la rue Jean-Talon, à deux pas du marché éponyme, où la cuisine suit encore et toujours les saisons. La dernière fois que nous y sommes allés, nous nous en sommes sortis à deux, après foie gras et confit de canard, vin au verre et quelques bouchées de dessert pour à peine plus de 100 $. C'est ce qu'on appelle une bonne affaire. Oui, Kitchen Galerie est dans l'air du temps et suit cette tendance rustique, viandeuse, goûteuse, qui fait contrepoint à l'autre, la moléculaire. Mais ceux qui apprécient coupes de bœuf, braisés et plats cuisinés costauds adoreront la carte qui change tous les jours et amène presque le jardin dans la salle à manger...

Les chefs – dont Jean-Philippe St-Denis et Mathieu Cloutier – sont omniprésents dans ce petit restaurant puisqu'ils cuisinent et font le service aussi, ce qui crée une atmosphère très conviviale.

- Pour un souper de gars ou entre amis qui n'aiment pas les lieux trop chics, mais qui veulent bien manger.
- Décor plutôt sobre, pour ne pas dire éteint, mais atmosphère sympathique.
- Cuisine recherchée et très bien faite, à prix raisonnable.

$$ Ouvert le soir seulement du mardi au samedi
Fermé dimanche et lundi

Kitchen galerie
60, rue Jean-Talon Est
Montréal
514 315-8994
www.kitchengalerie.com

Nonya

Des restaurants comme Nonya, il n'y en a pas beaucoup en ville : soigné, imprévisiblement créatif et moderne. Le canevas du repas est classique : mêmes ingrédients de base qu'en Indonésie (crevettes, riz, citron vert, citronnelle, basilic, cacahuètes, noix de coco, etc.) présentation épurée, palette aromatique classique. Toutefois, on a occidentalisé la présentation avec justesse pour mettre la cuisine en valeur. Le résultat est spectaculaire, tant à l'oeil qu'en bouche. Ceux qui ont commencé avec leur premier resto dans le « red light » boulevard Saint-Laurent près de Sainte-Catherine, qui ont étudié à l'École hôtelière de Lausanne en Suisse et sont maintenant dans le Mile-End ont créé quelque chose d'unique.

Le menu propose chaque soir trois ou quatre entrées et autant de plats. Pour trois services, on paie moins de 30 $ Autre possibilité : la formule « risjtaffel » qui permet de goûter à tout en petites portions pour plus d'une douzaine de petits plats, et ce, pour 40 $ par personne.

- Pour un repas vraiment exotique, chic et soigné à prix plutôt raisonnable vu la quantité.
- Pour surprendre et être surpris.
- Pour découvrir une cuisine qu'on connaît peu, l'indonésienne.

$$ Ouvert le soir du mardi au samedi

Nonya
151, avenue Bernard Ouest
Montréal
514 875-9998
www.nonya.ca

La Colombe

Première table de qualité à s'être installée avenue Duluth, La Colombe a su maintenir le cap tout en évitant d'aller chercher un permis d'alcool. Cela permet aux amateurs de grands vins de choisir ce resto pour leurs dégustations de grands crus auxquels la cuisine, d'inspiration nord-africaine, ne fait ni ombrage ni honte. Le chef Moustafa Rougaibi a des doigts de fées quand il s'agit de jouer avec les assaisonnements épicés, qu'il insinue délicatement dans des mignons de porc au miel ou un gigot d'agneau si parfaitement fondant et relevé qu'il en devient presque un classique...

Une valeur sûre, familière et réconfortante.

- Pour déguster de très bonnes bouteilles sans casser sa tirelire.
- Un classique du Plateau central pour inconditionnels des « Apportez votre vin », mais avec de la bonne cuisine, celui-là.
- Le resto s'est agrandi. Il y maintenant un nouvel étage donc de meilleures chances d'avoir de la place!

$$ Ouvert le soir seulement du mardi au samedi
Fermé dimanche et lundi

La Colombe
554, avenue Duluth Est
Montréal
514 849-8844

Dâo Viên

Il y a beaucoup de petits restaurants vietnamiens pas chers et sympas à Montréal, mais quand on apprend à bien les connaître, certains se distinguent. Tenu par une dame qui parle un français aussi impeccable que ceux qui jadis dirigèrent l'Indochine, Dâo Viên est le spécialiste des banh cuon, ces rouleaux de pâte de riz farcis de viande de porc hachée et de champignons noirs, cuits à la vapeur, servis chauds et garnis d'oignons frits. Mais Dâo Viên offre toutes sortes d'autres petits plats sortant des sentiers battus que sont les rouleaux de printemps et la soupe tonkinoise. Il y a par exemple la soupe aux coquillages et à la tomate, pleine de citronnelle, la salade de papaye verte au bœuf séché, les nouilles transparentes aux crevettes et aux champignons parfumés... Installé sur Côte-des-Neiges, on pourrait le rater tellement il y a d'adresses asiatiques dans ce coin. Mais dans son sous-sol, c'est un des rares vrais « beau-bon-pas cher ».

> Au dessert, les enfants ont adoré la crème glacée frite : une boule de glace à la vanille enrobée dans une crêpe, qui est ensuite frite et servie avec un sirop. Résultat : la crème coule, fondante, lorsqu'on en prend une bouchée.

- Bonne cuisine et accueil discret, mais sympathique pour un repas en famille sans flafla.
- On apporte son vin.
- Cuisine sans « msg ».
- Prix vraiment très raisonnables.
- Maintenant, le restaurant a un petit frère à Brossard, Sao Sao, au menu semblable, lui aussi « Apportez votre vin ».

 Ouvert le midi et le soir du mardi au dimanche
Fermé le lundi

Dâo Viên
5623A, chemin de la Côte-des-Neiges
Montréal
514 341-7120

Sao Sao

Tenu par les mêmes propriétaires que le Dâo Viên, sur Côte-des-Neiges, le Sao Sao offre la même variété de plats et la même qualité à sa nouvelle clientèle de Brossard. On y mange rouleaux, viandes sautées, potages riches aux fruits de mer et aux nouilles qui illuminent la bouche de leur douceur... Installé dans un nouveau mini-centre commercial du boulevard Taschereau – il y a donc des espaces de stationnement, juste en face – le lieu est spacieux, mais minimaliste. Tables, chaises, quelques appliques modernes sur les murs. C'est tout. Mais il s'en dégage une fraîcheur moderne qui fait vaguement penser au style Sushi Shop. Peut-être est-ce à cause des grosses cuillères à soupe asiatique vert lime, très contemporaines.

> Chez Sao Sao aucun plat ne contient de glutamate monosodique, le tristement célèbre MSG.

• Un bon resto vietnamien où l'on se réfugie un soir de semaine où on n'a pas envie de cuisiner.
• Pour un repas à deux pas compliqué pré-cinéma ou un repas en groupe nombreux. Il y a de la place.
• Excellent pour un repas familial.

 Ouvert midi et soir, fermé le lundi

Sao Sao
7209, boulevard Taschereau
Brossard
450 443-2388
www.restosaosao.com

Khyber Pass

On connaît bien le Khyber Pass de la rue Duluth, mais saviez que sur le boulevard Saint-Martin Ouest, en pleine banlieue, lorsqu'on entre dans le Khyber Pass, on oublie le béton et on disparaît dans la route de la soie grâce aux riches étoffes multicolores et chatoyantes tendues partout? Sans oublier les airs orientaux modernes qui façonnent l'ambiance. Quand arrivent les assiettes, on est transporté encore plus loin. Riches en épices et en saveurs parfumées, soupes, ravioles, brochettes, riz et plats cuisinés nous réconfortent et nous réchauffent. La cuisine afghane frôle et flirte avec celles qui l'entourent, mais quand on s'y attend le moins, elle finit toujours par nous surprendre. Essayez les achaks (ravioles cuites à la vapeur et farcies aux poireaux) et donnez-nous-en des nouvelles!

Les restaurants exotiques «apportez votre vin» qui ont décidé de quitter la rue Duluth ou la rue Prince-Arthur pour aller s'installer aussi en banlieue, ne sont pas tous créés égaux. Celui-ci ressort clairement du lot.

- Pour un tête-à-tête ou un repas en petit groupe.
- La cuisine afghane est parfumée, mais contrairement à l'indienne elle n'est pas très piquante. Ceci convient notamment aux enfants, qui aimeront la découvrir.

$ Ouvert tous les soirs

Khyber Pass
1694, boulevard Saint-Martin Ouest
Laval
450 688-5907
Ou 506, avenue Duluth Est
Montréal
514 844-7131

Les Infidèles

Quand on nous demande «Quels sont les bons "Apportez votre vin", à Montréal?», difficile de passer à côté des Infidèles, un classique qui traverse les années. Oui, les prix ont substantiellement augmenté avec le temps, oui le genre semble avoir fait son temps – maintenant, pour payer moins côté vin, la tendance est au vin au verre – mais la cuisine des Infidèles, impeccable dans le genre bistro, grillades, plats cuisinés, est tout de même à propos si on n'a pas envie de cuisiner et très envie de boire, finalement, cette bouteille rapportée de France qui mérite une belle occasion. Les patrons ne lésinent pas sur la qualité (qu'il faut d'ailleurs payer au prix des tables prestigieuses) et la présentation.

> Il y a quelque chose de rassurant et de familier dans cette table qui s'adapte aux saisons et qui permet de boire, sans trop casser la tirelire, nos bouteilles préférées.

- Une bonne table «Apportez votre vin» si on veut partager une bonne bouteille avec un vieux chum amateur de grands crus.
- Il faut quand même payer un bon prix pour les plats, alors on ne va pas là pour manger à rabais comme c'était le cas jadis, quand la vague «Apportez votre vin» a commencé...

$$ Ouvert seulement le soir, tous les jours

Les Infidèles
771, rue Rachel Est
Montréal
514 528-8555

Qing Hua

On y va pour manger essentiellement une chose : des dumplings. Chez Qing Hua, on est dans le nord-est de la Chine, dans une région appelée Liaoning où les dumplings règnent en roi. Ils sont confectionnés minutieusement, avec le respect qu'il se doit. Tout est préparé maison, de la pâte à la farce. Au fur et à mesure qu'arrivent les commandes des clients, on remplit les ravioles de viande et de bouillon. Car la spécialité des lieux est le dumpling juteux, celui qui éclate en bouche. Le bonheur cuit vapeur.

> Une petite fenêtre aménagée dans le mur permet de regarder le travail minutieux qui se fait en cuisine.

- Pour découvrir les dumplings juteux, une spécialité du nord de la Chine.
- À essayer avec les enfants, qui adorent les dumplings et les plats de nouilles fraîches.
- Comme tout est fait au fur et à mesure, il faut attendre un peu avant que le repas n'arrive sur la table, mais on peut appeler à l'avance si on veut que tout soit prêt à notre arrivée.

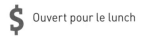 **$** Ouvert pour le lunch

Qing Hua
176, rue Lincoln
Montréal
438 288-5366

Noodle Factory

Si vous faites partie du vaste club des amoureux de la nouille, il faut essayer ce petit restaurant pas cher et sympathique du quartier chinois. Le chef, venu de Chine via Sherbrooke et Granby, est cantonais mais la caractéristique principale de ce restaurant est claire : on n'y sert que des nouilles, des nouilles fraîches faites sur place, sous les yeux des clients, qu'il s'agisse de dumplings remplis de bouillon ou de grosses pâtes dodues à la façon de Shanghai. Soyeuses, moelleuses, glissantes et résistantes à la fois, elles séduisent tout le monde. Difficile de trouver un lunch ou tout repas rapide moins cher et tout aussi délicieux.

Notre coup de cœur : les dumplings no 14, qui sont remplis d'une farce au porc haché et de bouillon. À manger d'une seule bouchée pour que le tout éclate en bouche. Toute une expérience.

- On y va seul, à deux ou quatre, mais pas plus. C'est tout petit.
- Parfait pour le lunch ou pour un repas de début de soirée rapide, avant le cinéma ou un concert.
- Accueil hyper sympathique, service rapide.
- On peut y manger un repas du midi savoureux pour moins de 10 $.

$$ Ouvert le midi et le soir tous les jours

Noodle Factory

Montréal
514 868-9738

Ramen-Ya

Ramen-Ya est tout petit et on n'y va pas pour traîner pendant des heures. Qu'on soit assis au bar ou à une des tables, le tabouret est omniprésent. Le confort est plutôt dans les bols de soupe aux nouilles. Car si le restaurant se présente comme étant d'inspiration japonaise, ce ne sont pas les sushis qui y sont le plus intéressants, ce sont les ramen, ces soupes aux pâtes de blé presque construites à la carte. Bouillon à base de soja ou de porc ou de miso? Épicé ou doux? Avec poulet ou porc braisé? Vous choisissez ce que vous voulez. Ce n'est pas la seule chose au menu, mais c'est la plus unique.

> Les vraies nouilles ramen n'ont rien à voir avec ce que l'on trouve dans les paquets de soupe instantanée. Ce sont plutôt des pâtes fraîches faites de farine de blé, fines et droites, prêtes à être aspirées bruyamment et se faufilant sous la dent.

- Pour un lunch seul au comptoir ou à deux ou quatre. Mais le restaurant est petit. On ne peut y arriver en gros groupe.
- Pour un repas rapide et réconfortant avant ou après un film ou un spectacle.
- La limonade au citron vert frais est divine.

$ Ouvert le midi et le soir du lundi au samedi
Fermé le dimanche

Ramen-Ya
4274, boulevard Saint-Laurent
Montréal
514 286-3832

Tong Por Saint-Laurent

Installé sur le boulevard Laurentien, à Cartierville, Tong Por Saint-Laurent est un restaurant de dim sum classiques, ces petites bouchées cantonaises qui se mangent le matin et le midi et englobent une vaste variété de plats incluant ceux que l'on connaît le mieux ici : les dumplings cuits à la vapeur. Chez Tong Por Saint-Laurent, on les propose sur des chariots roulants qui défilent durant tout le repas. On choisit ce que l'on veut, au fur et à mesure, quand ça passe. Il faut essayer notamment les ravioles aux pétoncles séchés, les siu mai au porc, les brocoli chinois et la crêpe à la pâte de riz farcie de porc barbecue.

Installé au nord de Cartierville, ce restaurant est facilement accessible des gens de Laval qui peuvent y arriver en prenant le pont Lachapelle.

- Pour manger de très bons dim sum sans avoir à aller jusqu'au quartier chinois ou Brossard.
- On y va en famille ou en groupe, pour le lunch ou le brunch.

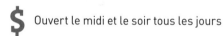

$ Ouvert le midi et le soir tous les jours

Tong Por Saint-Laurent
12242, boulevard Laurentien
Montréal (Cartierville)
514 331-8883

Hwang-Kum

Hwang-Kum s'est refait une beauté et n'est plus un boui-boui. Avec ses panneaux de bois foncé il est presque élégant, mais il demeure un restaurant de quartier pas cher offrant une cuisine aussi dépaysante qu'exquise. On choisit le poulet teriyaki coréen doux et savoureux ou le bœuf mariné (bulgogi) servis dans un plat de fonte très chaud (attention aux petits doigts), le Pa Jeon, une sorte de galette-omelette frite avec beaucoup d'oignons et des fruits de mer, ou alors un Bi Bim Bob, une des spécialités coréennes les plus connues où le riz, des légumes (pousses de soja, chou asiatique), du bœuf haché et un œuf frit se rejoignent pour construire une sorte de pâté chinois à la coréenne... On mélange le tout avec quelques kimchis – condiments typiques et épicés – et hop! nous voilà ailleurs.Saveurs surprenantes garanties.

> Lorsqu'on va au restaurant avec de jeunes enfants, les condiments coréens, les kimchis, sont fort pratiques, car ils nous offrent la possibilité de pimenter individuellement les assiettes. Comme ça, tout le monde peut adapter le niveau de piquant à son goût.

- Restaurant vraiment pas compliqué, pour un repas de semaine savoureux, vite fait.
- Les enfants aiment bien la cuisine coréenne, surtout tout ce qui est teriyaki sucré-salé, tant que les kimchis épicés sont laissés de côté.

 Ouvert le midi et le soir du mardi au samedi
Fermé le dimanche et le lundi

Hwang-Kum
5908, rue Sherbrooke Ouest
Montréal
514 487-1712

Maison Indian Curry

Si vous aimez les petites adresses pas compliquées, pas chères, celles que l'on appelle boui-boui, avec plein d'affection, en voici une qui vous plaira. Installé rue Jean-Talon depuis quelques années, en plein cœur de Parc-Extension, la Maison Indian Curry prépare... des currys à toutes les sauces. Et Robert, qui revient d'un nième voyage en Indes, adore. Curry de légumes, curry de poulet, masala dosa, riz pulao comme dans les meilleures brasseries de Bombay... Tout est savoureux et fait comme il le faut. Et contrairement à plusieurs autres restos indiens montréalais, on n'y laisse par les currys au frigo pendant des nuits pour être simplement réchauffés le lendemain. On fait tout au fur et à mesure. Jugez-en par la clientèle presque entièrement indienne qui fréquente les lieux. Service? Disons décontracté...

> On ne va dans ce genre de troquet pour le décor ou l'ambiance, mais pour... le Channa masala. Une belle surprise à essayer!

- Pour prolonger un voyage en Inde une fois revenu à Montréal.
- Pour manger quelque chose de très original, à peu de frais.
- Pour souper de gars en quête d'émotions fortes (bonjour les épices!).

 Ouvert le midi et le soir du mercredi au lundi
Fermé le mardi

Maison Indian Curry
996, rue Jean-Talon Ouest
Montréal
514 273-0004

New Tripolis

La très bonne cuisine grecque de certains restaurants de luxe montréalais peuvent donner l'impression que la gastronomie hellénique de qualité a nécessairement un prix élevé. Pourtant, la Grèce, c'est aussi une cuisine de paysans et de pêcheurs, robuste et simple et heureusement, à Montréal, il reste encore quelques adresses aux prix raisonnables qui offrent la possibilité d'y goûter sans casser la banque. New Tripolis en est une. Troquet d'habitués de Parc-Extension, on y trouve toujours des poissons frais, du poulpe, des viandes marinées et des souvlakis, ou encore des salades de tomates et de feta. Ce n'est pas de la grande gastronomie aux ingrédients rarissimes, mais on retrouve dans l'assiette les effluves de soleil et de mer dont on rêve lorsqu'on pense à la Crète ou aux Cyclades.

> L'huile d'olive servie par ce restaurant est particulièrement délicieuse et donne tout son panache et sa finesse à cette cuisine maison copieuse et sans prétention.

- Pour un repas entre copains, pas cher et pas compliqué ou quand on a une fringale de salade grecque très tard le soir.
- Pour manger rapidement en famille avant de partir dans le Nord ou en revenant de la partie de soccer du plus vieux.
- Pour célébrer votre décision de vous lancer dans les affaires et faire ainsi comprendre à votre chum/dulcinée qu'il va falloir se serrer la ceinture pendant quelque temps.

$ Ouvert le midi et le soir tous les jours

New Tripolis
679, rue Saint-Roch
Montréal
514 277-4689

Le Petit coin du Mexique

Maintenant installé de l'autre côté de la rue, juste en face d'où il était avant, le «Petit coin du Mexique» – c'est son nouveau nom – est... plus grand. Mais on y sert toujours de la vraie cuisine Mexique, loin du «Tex Mex» que l'on confond trop souvent avec la véritable cuisine du pays de Frida Kalho. Dans ce modeste bistro de famille du quartier Rosemont, on s'amuse avec des roulades, empilades et autres enroulades de tortillas frites, sèches ou fraîches, de blé ou de maïs, on déguste des soupes relevées avec un (ou deux) doigt de piment, des purées d'avocats, et tout ça au son des mariachis ou de la télé. L'ambiance est celle d'un petit restaurant de famille avec enfants, mamans, oncles et tantes, et on s'y presse tant en famille qu'avec ses vieux complices. Très bon marché en plus.

En déménageant, le restaurant a ajouté un autre volet à son menu : les fruits de mer. On peut maintenant y manger des crevettes au chipotle, des brochettes de camarones ou alors des ceviche, par exemple.

- On s'y réfugie au lendemain d'un retour de voyage pour prolonger le soleil.
- Resto familial sans façon.
- Pas cher du tout.

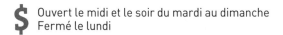 Ouvert le midi et le soir du mardi au dimanche
Fermé le lundi

Le Petit coin du Mexique
2474, rue Jean-Talon Est
Montréal
514 374-7448

Mestiza

Boutique alimentaire et petit café sympa, Mestiza est un endroit où on aime traîner et qui a été fondé par une Mexicaine connaissant bien la cuisine ménagère de son pays. Au menu : tamales maison farcis de poulet déchiqueté et de haricots noirs cuits dans une feuille de banane, cochinita pibil, une spécialité yucateca de porc braisé dans le jus de lime et les graines de rocou, et qu'on sert sur des tortillas fraîches avec des oignons rouges marinés... Pour ajouter à l'exotisme et se croire au Mexique, on rince le tout avec un jus de Jamaïca (en fait, une infusion ultra vitaminée de fleurs d'hibiscus séchées et de sucre) et on finit avec un morceau de tarte au chocolat épicé ou à la téquila! Produits irréprochables, cuisine créative, ambiance proprette et palette de produits exotiques. Une des très bonnes petites adresses pas chères du moment.

> Durant la semaine, on offre surtout tamales et plats à emporter. Par contre, vrai menu le week-end. Parfait pour le brunch.

- Pour prolonger gustativement ou pour préparer un voyage au Mexique.
- Pour parler espagnol.
- Pour un repas rapide, pas cher et résolument ensoleillé.

Fermé le lundi
Repas servis le week-end
Casse-croûte du mardi au vendredi durant la journée.

Mestiza
6699, rue DeLaRoche
514 670-6997
www.mestiza.ca

Le Vieux Saint-Laurent

Le Vieux Saint-Laurent, ex-gargote à patates, intact dans son décor a été transformé en cuisine et en... petit resto marocain! Malgré le nom qui évoque hot dog et ketchup, la cuisine ici ressemble à ce qui se fait dans les souks de Marrakech : simple, franche, savoureuse et économique. Au menu : salades de haricots, d'aubergines ou de tomates et de poivrons, plusieurs variétés de couscous, quelques tajines et même pastilla. Des classiques pour ceux qui connaissent et aiment la cuisine marocaine et pour ceux qui veulent la découvrir. À ne pas oublier : le thé à la menthe archi-sucré pour terminer.

> Accueil très sympathique et quelques tables à l'extérieur pour profiter du beau temps quand il passe.

- Pour un repas sans façon, bon et pas cher dans un coin de ville qui compte quelques adresses. intéressantes pour le *fooding*, mais jamais trop.
- Pour assouvir une envie d'épices et de saveurs riches et ensoleillées

$ Ouvert pour le lunch

Le Vieux Saint-Laurent
854, rue Décarie
Montréal
514 855-9855

Ban Lao-Thaï

Petit troquet ultra-sympathique tenu par toute une famille, dont la responsabilité est de confectionner les réputées Sai Kog, saucisses de porc laotiennes. Vous n'en mangerez nulle part ailleurs en ville. Et celles de la maison, parce qu'elles sont faites à la main chaque jour, farcies de feuilles de citron kaffir, de citronnelle et d'épices diverses, sont extraordinaires. On les présente avec de la laitue et des tranches de concombre, et tout se mange par étapes, une bouchée de ceci, une autre de cela. Autrement, le menu se pare de plats thaïs et de quelques spécialités laotiennes, les deux cuisines se ressemblant fortement : salades laap au canard ou à la papaye bien relevées, ragoûts de poisson ou curry de porc, tout ça autour du riz collant.

> Le midi, le menu est limité, mais réellement pas cher et savoureux.

- Pour un premier rendez-vous galant exotique qui vous donnera la chance de surprendre votre cible avec autre chose que les classiques restaurants thaïs ou vietnamiens.
- Pour prolonger ou préparer un voyage dans ce coin d'Asie.
- On peut apporter son vin.

$ Ouvert le midi et le soir du lundi au samedi
Fermé le dimanche

Ban Lao-Thaï
930, boulevard Décarie
Saint-Laurent
514 747-4805

85

QUEL GENRE DE CUISINE VOULEZ-VOUS GOÛTER?

Tri Express

Si vous cherchez de bons sushi à Montréal – par opposition aux sushi de supermarchés ou alors à ceux faits sans imagination dans les succursales de grandes chaînes – il faut aller essayer ceux de Tri Express. Malgré ses airs de casse-croûte, avec ses meubles dépareillés et son *look* extrêmement décontracté, le Tri Express est en effet un des meilleurs restaurants de sushis de Montréal. Tout y est fait sur mesure, délicatement, minutieusement. Petits rouleaux construits, déconstruits, tranches de poisson fines sur lesquelles on dépose ses sauces exquises... Le chef Tri Du nous surprend et nous épate avec ses couteaux japonais qui lui donnent des doigts de fée quand vient le temps de découper légumes et poissons en sculptures comestibles aux saveurs justes, précises et délectables. En ces années de sushi rapide, il fait bon tomber chez un vrai.

Pour bien profiter de l'expérience, on s'installe au comptoir, façon resto de quartier, et on demande au chef, avec ses bras tatoués et ses cheveux en brosse, de nous préparer ce que bon lui chante. Et on le regarde faire.

- Pour faire plaisir à un amateur de sushis ou carrément faire craquer le gars ou la fille de vos rêves.
- Pour un repas entre copains. Pour un repas d'affaires extrêmement décontracté, à condition qu'on n'ait pas de secret à se dire, car le lieu est tout petit.
- Pas de permis d'alcool et on ne peut pas apporter son vin.

$$ Ouvert le midi du mardi au vendredi
Ouvert le soir du mardi au dimanche
Fermé le lundi

Tri Express
1650, avenue Laurier Est
Montréal
514 528-5641
www.triexpressrestaurant.com

Jun-I

Junichi Ikematsu est un des rares chefs de sushis d'origine japonaise à Montréal. Après avoir fait sa marque chez Soto, dans le Vieux-Montréal, il a ouvert Jun-I, avenue Laurier, où il prépare des sushis d'une qualité exceptionnelle pour la métropole. L'expérience commence avec le décor signé Jean-Pierre Viau, à la fois zen, avec ses lignes droites minimalistes, et chaleureux, avec son bois. Elle se poursuit avec des assiettes précises et savoureuses, qui n'hésitent pas à sortir des sentiers battus : maki de foie gras poêlé, tartare de bœuf au pili-pili et à l'huile de sésame, sashimis toujours impeccables... Et comme le Jun-I marie cuisine japonaise et française, on laisse place aux saveurs de l'Hexagone au moment du dessert.

Les amateurs de bons crus apprécieront la carte des vins recherchée et noteront que c'est l'un des rares endroits à Montréal où le saké est pris au sérieux et offert en plusieurs variétés.

- Pour un repas d'affaires payé par la compagnie.
- Atmosphère douce et niveau de décibels plutôt bas.
- Destination d'adultes posés et de gourmets, amateurs de fine cuisine orientale.

$$$ Ouvert le midi du mardi au vendredi
Ouvert le soir du lundi au samedi
Fermé le dimanche

Jun-I
156, avenue Laurier Ouest
Montréal
514 276-5864
www.juni.ca

L'Épicier

Avec sa boutique gourmande que l'on aperçoit d'entrée de jeu, l'Épicier a plus l'air d'un restaurant de Greenwich Village qu'une destination gastronomique aux plats acrobatiques. C'est pourtant un restaurant de cuisine très recherchée, catégorie « on n'en mange pas tous les jours » avec souvent des listes d'ingrédients d'une longueur impressionnante style « paume de ris de veau rôtie beurre noisette, boudin de cèpes et pommes, purée de pommes de terre au foie gras, réduction de xérès à la sauge ». Ouf! Les amateurs de ce type de cuisine moderne complexe qui n'a pas peur de mélanger les inspirations sont souvent des inconditionnels de cette adresse. D'autant que le chef propriétaire, Laurent Godbout, et son équipe ratent rarement leur coup, malgré le coefficient de difficulté élevé de leurs acrobaties. Carte des vins en conséquence.

> L'Épicier est un restaurant, mais aussi une épicerie fine où de petites bouteilles d'huiles recherchées côtoient des gelées de fleur et autres sels volcaniques.

- Excellente adresse pour des touristes qui veulent découvrir une cuisine québécoise très inventive, d'autant plus qu'on est dans le Vieux-Montréal.
- Pour un souper festif en groupe avant d'aller voir un spectacle du Cirque du Soleil dans le Vieux-Port.
- Pour un lunch de travail, si votre patron ou un fournisseur vous invite et vous laisse le choix des lieux.

$$$ Ouvert tous les soirs

L'Épicier
311, rue Saint-Paul Est
Montréal
514 878-2232
www.chezlepicier.com

Raza

Installé maintenant depuis quatre ans, rue Laurier, Raza semble être bien là pour rester, avec sa cuisine qui se démarque par sa sophistication et son originalité. En effet, chez Raza on n'est ni en Italie, ni en Europe, ni même en Amérique du Nord, mais plutôt dans un bain d'influences sud-américaines puisque le chef, Mario Navarrete, est originaire du Pérou. Sa cuisine raffinée, mais portée par ces saveurs excentriques, a du nerf, bouscule les conventions et fait mine de ne pas trop renouveler le genre, mais le transcende complètement. Salade de fruit au kiwi et aux épinards, crevettes aux radis et aux piments amarillo... Une des cuisines les plus originales en ville. À surveiller durant le festival Montréal en Lumière.

On peut maintenant suivre des cours de cuisine avec le chef à son atelier appelé El Taller (comme chez El Bulli). Et tout manger ensuite...

- Cette cuisine pour grandes personnes amène à l'exploration et aux découvertes; à déconseiller donc aux esprits casaniers.
- Parfait pour un club de dégustation à la recherche de nouveauté.

$$$
Ouvert le soir seulement du mardi au samedi
Fermé le dimanche et le lundi
Pas de lunch sauf pour les groupes, sur réservation

Raza
114, avenue Laurier Ouest
Montréal
514 227-8712
www.restaurantraza.com

Madre

Installé dans un quartier qui se découvre une âme de *foodie*, Madre est un restaurant de nouvelle cuisine latino-américaine, tout comme Raza dont il est en quelque sorte le rejeton. Mais même si cette adresse se veut plus décontractée que l'autre – on y sert notamment un excellent brunch le week-end – on y retrouve quand même l'atmosphère posée, les nappes blanches et la vaisselle de belle qualité qui font des restaurants de petits havres feutrés. Carpaccio de magret de canard au piment et au citron vert, côtelette de porc au maïs pourpre, pouding au pain à la patate douce, sorbet à l'avocat... Les saveurs sont latino-américaines, les techniques plutôt françaises et les idées, toutes allumées. À noter : il y a maintenant une mini section épicerie, où l'on vend quelques plats de la maison emballés sous vide et quelques produits latino-américains, péruviens notamment.

> Ce restaurant s'ajoute aux M sur Masson et autres Jolifou qui ont transformé le quartier Rosemont–Petite-Patrie en zone de restauration sérieuse et délicieuse. Grâce à eux, les résidents n'ont plus à s'exiler pour bien manger.

- Pour un repas franchement original – en tête-à-tête ou en tout petit groupe – hors des sentiers battus.
- Avec son menu trois services à 35 $ et à 58 $ si on fait l'accord des vins, Madre fait partie des solutions beau-bon-vraiment pas trop cher pour un repas de cette qualité.
- Pour surprendre tout gastronome blasé qui est convaincu d'avoir tout lu, tout bu, tout «compru». (Ou pour déstabiliser la personne qui sait tout sur tout...).

$$ Ouvert le le soir du mercredi au dimanche
Ouvert le dimanche pour le brunch
Fermé le lundi et le mardi

Madre
2931, rue Masson
Montréal
514 315-7932
www.restaurantmadre.com

Bratwurst Colbeh

Ce restaurant n'a rien de chic mais ceux qui aiment être surpris et qui n'ont pas froid aux yeux adorons sûrement comme nous la cuisine complètement excentrique de ce troquet combinant cuisines allemande et perse. Au sommet de la liste de nos plats préférés arrive le sandwich à la langue et à la cervelle, où la viande braisée de la langue et le fondant de la cervelle, se combinent à la fraîcheur craquante de la tomate et à la saveur acidulée du cornichon pour créer un univers de saveurs exotiques à souhait. Idéal lorsque vient le temps de faire un pique-nique ou tout simplement de manger sur les quelques tables installées sur le trottoir l'été. Voyage dépaysant garanti, pour 5 $, toutes taxes comprises.

> On profite de son passage rue Sherbrooke Ouest pour aller acheter un morceau de bavette marinée ou du tzatziki à la rose à l'épicerie Akhavan, non loin de là.

- Pour un pique-nique vraiment exotique
- Certains préféreront peut-être le sandwich au bœuf mariné au safran au sandwich à la cervelle et à la langue braisée, mais ce dernier est vraiment très bon
- Cette étrange rencontre entre les cuisines allemande et perse s'explique ainsi : il s'agit d'un ancien troquet allemand repris par des Montréalais d'origine iranienne, qui veulent autant satisfaire l'ancienne clientèle habituée aux saucisses et à la bière que partager leur patrimoine culinaire.

 Ouvert le midi et le soir, tous les jours

Bratwurst Colbeh
6107, rue Sherbrooke Ouest
Montréal
514 484-8072

La Couscoussière d'Ali Baba

Même si Montréal compte une importante communauté d'origine maghrébine, les restaurants où l'on peut savourer de la bonne cuisine marocaine ou tunisienne ne sont pas si nombreux que cela. Pas étonnant : les meilleures cuisinières sont chez elles! Mais il y a des exceptions, comme cette Couscoussière où l'on peut déguster des plats tunisiens et marocains à satiété : couscous, tajines, salades, grillades, avec tout ce que l'on attend d'esprit, d'épices et de couleurs. Et ça se passe au milieu d'un décor baroque orientalisant qui se transforme au fil des ans avec l'addition constante d'objets dorés. Étonnant.

Les spectacles de danse folklorique du vendredi et du samedi soir sont si populaires, qu'il faut réserver environ deux semaines à l'avance.

- Pour une soirée tout sauf banale, surtout quand il y a le danseur du ventre... (Après tout, on est dans le village!).
- Pour prolonger un voyage en Afrique du Nord.
- Pour un tête-à-tête divertissant ou une rencontre entre amis en quête d'exotisme...
- Pour la formule « Apportez votre vin ».

$$ Ouvert le midi du mercredi au vendredi
Ouvert tous les soirs

La Couscoussière d'Ali Baba
1460, rue Amherst
Montréal
514 842-6667
www.couscoussiere.ca

Abiata

Depuis la fermeture du Messob d'or, il y a quelques années, Abiata s'est imposé comme la principale adresse éthiopienne de Montréal. On y arrive comme dans une vision rêvée de l'Afrique d'une autre époque, une sorte de carte postale, version Hemingway, années 1930. Mais au-delà des peaux de zèbre (fausses bien entendu), des sculptures de bois et de l'ambiance safari de luxe, c'est la cuisine enivrante et combien exotique de l'Éthiopie qui nous y ramène. Faite de ragoûts épicés de poulet, de bœuf ou d'agneau, de sauces rouge vif ou vertes, ou jaunes, et d'un pain qui sert à la fois de support, d'assiette et de serviette, elle ne laisse personne blasé. À essayer lorsqu'on a vraiment envie d'être réveillé – c'est assez pimenté – par des saveurs d'ailleurs, de voyager sans quitter le Plateau!

> Dans les restaurant éthiopiens, on mange le repas dans une assiette commune en se servant de ses doigts ou alors du pain-crêpe pour aller saisir la nourriture. Amusant.

- Pour une soirée en tête-à-tête hors de l'ordinaire puisqu'on mange avec les mains dans un même plat... Excellent pour pimenter une soirée en couple.
- Pour amuser ses parents et les sortir de leur train-train habituel.
- Pour un bain d'exotisme durant la déprime du mois de mars.

$$ Ouvert le soir seulement, tous les jours

Abiata
3435, rue Saint-Denis
Montréal
514 281-0111

Le Local

Logé dans un immeuble ancestral qui abritait autrefois un bureau d'architecte, Le Local a les plafonds vertigineusement hauts et l'espace d'un loft où l'on peut accueillir plus d'une centaine de convives. Il est élégant sans être « nappe blanche » et moderne sans tomber dans les clichés. Sa terrasse, fréquentée par le beau monde des quartiers du numérique, est d'un chic sobre, façon brun chocolat, à l'abri des intempéries, mais jamais loin du trottoir. On s'y croirait à New York ou à Londres, là où on aime le lin et les lunettes de designers industriels. Très populaire depuis son ouverture, le Local a changé de chef en 2009 et nous le suivrons donc en 2010 pour voir comment la nouvelle direction aux cuisines saura assurer la suite des choses. Cela dit, le propriétaire Louis-François Marcotte, aussi propriétaire de Simpléchic et lui-même chef, demeure au poste et viandes braisées, tartares et autres versions jazzées de la cuisine bistro-brasserie classique restent au menu.

> Un détail qui plaît toujours : de petits contenants de fleur de sel à toutes les tables.

- Une très jolie terrasse abritée avec chaufferettes et couvertures à la scandinave pour se mettre sur les épaules s'il fait frais.
- Une ambiance sympathique dans un lieu toujours bien animé où la foule n'est jamais banale.

$$$ Ouvert le midi du lundi au vendredi
Ouvert le soir tous les jours

Le Local
740, rue William
Montréal
514 397-7737
www.resto-lelocal.com

Les Cons Servent

Le chef Stelio Perombelon veille maintenant aussi sur les cuisines du Pullman, mais promet de continuer à s'occuper des Cons Servent comme si de rien n'était. On l'espère, car ce restaurant de quartier du nord-est du Plateau est un coup de cœur depuis son ouverture avec son atmosphère sympathique, son décor urbain contemporain inspirant, mais pas trop chichi, et sa cuisine créative mais ancrée dans la tradition bistro. Velouté de chou-fleur froid aux palourdes marinées, salade de canard, jambon et gésiers... On y va aussi bien pour une soirée en tête-à-tête décontractée qu'avec un groupe d'amis célébrant un anniversaire ou même une jeune famille en goguette. Vivement une succursale à deux pas de chez vous.

> Le bar est parfait pour manger seul et placoter avec le sommelier quand on n'a pas envie de popoter à la maison...

- Comme son nom l'indique, le resto propose aussi des plats maison (cassoulet, veau marengo...) prêts à emporter, que l'on accompagne d'une bouteille de vin pour ensuite aller se faire un gueuleton en pyjama, devant un James Bond vintage ou la dernière série culte de HBO.
- Pour un repas en groupe
- Pour ceux qui aiment bien les restos où il y a une bonne ambiance et des décibels.

$$ Ouvert le soir seulement du lundi au samedi

Les Cons Servent
5064, avenue Papineau
Montréal
514 523-8999
www.lescs.com

Bistro Chez Roger

La Taverne Roger pratiquement centenaire, rebaptisée Bistro pour bien marquer la distinction d'avec son ancienne vocation a perdu son air vieillot et accueilli une modernité toute pimpante qui évoque... les années 40, avec de la pierre taillée, du bois et un grand tableau noir. En cuisine, l'énergie est palpable jusque dans la salle. Des huîtres sont ouvertes, des foies gras poêlés et des tartares hachés, une pincée d'herbes jetée sur un plat... Il fait plaisir de voir le soin que l'on met à faire les choses différemment. Ainsi, la chaudrée de palourdes est couplée à des morceaux de chorizo et déconstruite, tandis qu'une épaule de bœuf est braisée à la bière noire et servie avec des asperges poêlées. On est loin des langues dans le vinaigre de jadis.

Une excellente option pour ceux qui ont envie de grandes assiettes de viandes copieuses et sans complexe et qui n'ont pas réussi à avoir une réservation au Pied de cochon.

• Pour un repas entre amis où personne n'est au régime ou à la recherche d'une salade à l'eau.
• Pour un souper de gars.
• Une des bonnes adresses de Rosemont.

\$\$ Ouvert le soir du mardi au samedi
Ouvert le midi jeudi et vendredi
Brunchs samedi et dimanche

Bistro Chez Roger
2316, rue Beaubien Est
Montréal
514 593-4200
www.barroger.com

Crudessence

Crudessence, rue Rachel Ouest, sur le chemin des tam-tam, a ouvert en 2009, avec quelques tables intérieures, un comptoir où l'on prend des lunchs pour emporter, quelques places assises sur le trottoir. C'est blanc, simple. Zen. Très post-yoga. On y prépare une cuisine végétalienne et crue. Donc pas de pain, pas de mijotés... Rien de chaud, que du frais, que ce soit un hamburger, une lasagne ou un gâteau aux carottes. C'est ainsi qu'une lasagne froide, par exemple, devient un mille-feuilles de courgettes crues avec sauce aux tomates séchées et pâté germé de tournesol... Chaque plat est donc fort complexe, mais les assaisonnements sont intéressants, notamment une vinaigrette au sésame toute verte qui ressemble à du guacamole sans en être. À essayer si le défi nous intéresse.

> Malgré tous les impressionnants efforts que font les cuisiniers pour leurs plats salés, le clou du repas demeure le *smoothie* au lait d'amandes, banane et épices chai.

- Pour les végétaliens, les végétariens et, évidemment, les adeptes du cru.
- La cuisine crue, mais pas nécessairement végétalienne ni même végétarienne, est très à la mode. Un lieu branché, donc.
- Ce restaurant est même intéressant pour les carnivores, qui pourront admirer tout l'imagination déployée afin de relever le défi de cuisiner végétalien et cru.

 Ouvert tous les jours, midi et soir

Crudessence
105, rue Rachel Ouest
Montréal
514 510-9299
www.crudessence.com

Aux vivres

Ce restaurant végéta-lien est fréquenté par une faune jeune à ten-dance *hip*. Décor hyper simple, mais frais, avec des banquettes de bois pâle et beaucoup de blanc. Le menu, lui, avec son écriture rétro, se donne presque des airs de *diner*. D'ailleurs, on y propose une assiette de smoked meat végétalien, qui se mange avec cornichon et moutarde et délicieux ketchup fait maison. On est sur la Main ou ne l'est pas. À essayer, le burger au porcini où le gros champignons costaud et savoureux vient carrément remplacer la boulette de steak. Juteux et charnu. Plats de riz et diverses salades et sandwichs sont aussi au menu, ainsi que de nombreux jus frais. Au dessert, toutefois, difficile d'oublier l'absence de beurre et de crème...

> En s'interdisant tout produit d'origine animale, la cuisine végétalienne ne se rend pas la vie facile. Mais si on choisit bien ses plats, elle peut être délicieuse.

- Le végétalisme étant très à la mode en ce moment aux États-Unis, il est bon de connaître cette adresse pour y emmener des visiteurs qui auraient adopté cette façon de manger.
- Le végétalisme étant donc, branché, les Vivres est aussi une des adresses où l'on va pour s'amuser à observer la foule et déceler les nouvelles tendances côté lunettes, vêtements, cheveux...

$ Ouvert midi et soir
Fermé le lundi

Aux vivres
4631, boulevard Saint-Laurent Montréal
514 842-3479
www.auxvivres.com

Pushap

On avoue : de toutes les cuisines végétariennes, notre préférée, c'est l'indienne. Car elle n'essaie pas de faire comme la cuisine carnivore. Elle existe, indépendamment de tout cela, depuis toujours, savoureuse et aromatique à souhait. En fait, avec ses noix, laitages, farines, mais surtout ses mille épices qui permettent de relever les végétaux de tout ordre, cette cuisine est franchement intéressante, point, indépendamment de toute autre considération. Au Pushap, qui est près du métro De la Savane, on la prépare de façon réellement authentique, comme dans le Punjab natal des patrons. Les currys aux légumes sont impeccables et parfumés. Et c'est sans parler des pains, d'une assez bonne variété, frits, avec ou sans levain, à la grille ou au poêlon.

> Même les desserts, des sucreries miniatures au lait caillé font courir les clients d'origine indienne des banlieues les plus éloignées. Toujours un très bon signe.

- Pour sortir des menus végétariens habituels.
- Pour un repas hors des sentiers battus, point à la ligne. Pour impressionner un ou une prospect potentiel(le) avec une adresse réellement exotique et montrer qu'on est vraiment différent et qu'on ne fréquente pas les mêmes restos que tout le monde...

 Ouvert le midi et le soir tous les jours

Pushap
5195, rue Paré
Montréal
514 683-0105

Kagopa

Cette adresse un peu perdue sur un boulevard mieux connu pour ses concessionnaires automobiles que pour ses rendez-vous gastronomiques est fréquentée par les Montréalais d'origine coréenne. Toujours un très bon signe, quand on cherche de l'authentique... Décoré chez Ikea, Kagopa est un restaurant tout simple qui nous transporte donc au pays de Hyundai et des jeux vidéos. Au menu, on offre les classiques, que ce soit les viandes marinées grillées à table de type *bulgogi*, les ravioles au porc ou le fameux *Bi Bim Bob* accompagné de *kimchis*, ces condiments épicés marinés typiques. Le plaisir est dans la bouche, quand les saveurs épicées, aigrelettes, sucrées et salées se mélangent pour jouer au ping-pong avec nos papilles. Mais il est aussi dans la cérémonie, quand on apporte le brûleur pour la viande sur la table et ensuite les feuilles de salade où l'on dépose divers ingrédients pour faire des rouleaux du moment, frais, croquants et délicieux.

> Le restaurant offre quelques sortes de bière, mais aussi le soju, l'alcool coréen typique que l'on prend en apéro, avec certains plats typiques comme le Pa-Jeon.

- Pour un repas réellement exotique, délicieux et pas très cher.
- Pour faire plaisir à des visiteurs d'un coin de campagne qui ont envie d'être surpris.
- Pour prolonger un voyage en Asie.
- Pour sortir des sentiers battus chinois, vietnamiens ou japonais...
- Pour bien manger et ensuite s'amuser avec le... karaoké!

$ Ouvert midi et soir du mercredi au lundi
Fermé le mardi

Kagopa
6400B, rue Saint-Jacques Ouest
Montréal
514 482-3490

Man-na

Trait d'union entre les cultures chinoises et japonaises, la cuisine coréenne s'est librement inspirée de ses deux géants voisins, mais a aussi adopté plusieurs denrées importées par les missionnaires, comme l'ail et le piment fort. Dans ce petit bistro conçu pour attirer une foule étudiante, on ne se gêne pas pour en mettre beaucoup et partout. Mais on le fait avec un certain doigté, sans trop faire de compromis dans les soupes, les sautés de bœuf, les crêpes aux poireaux et dans les kimchis, ces petits légumes marinés et épicés devenus condiments que l'on apporte toujours avec le repas. Le menu est parfait pour le midi ET le soir.

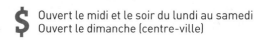

Si vous n'avez pas envie d'aller au centre-ville pour déguster de la cuisine coréenne, pourquoi ne pas essayer la succursale de Brossard?

- Pour un repas savoureux et surprenant, avec un ou plusieurs copains.
- Si on a une petite envie d'exotique au retour de l'école ou du shopping au centre-ville.

$ Ouvert le midi et le soir du lundi au samedi
Ouvert le dimanche (centre-ville)

Man-na
1421, rue Bishop
Montréal
514 288-1703
Ou 8080 boulevard Taschereau
Brossard
450 671-7386

Mongolian Hot Pot

On ne le dirait pas de prime abord, mais le Mongolian Hot Pot est le seul restaurant de tout ce guide qui est en réalité une des nombreuses succursales d'une grande chaîne internationale appelée en chinois «petit agneau». Cet établissement nous arrive donc du nord de la Chine, de Mongolie plus précisément, où est née ce qu'on appelle ici la fondue chinoise. Et c'est ce concept de fondue qui est décliné par cette amusante adresse où l'on fait cuire son repas à table, dans une casserole de bouillon aromatisé qui mijote sous nos yeux sur un réchaud. Pour trouver les ingrédients à mettre dans la soupe, on va dans une sorte de buffet de salades où l'on se sert à volonté – tranches fines d'agneau, l'ingrédient traditionnel de ces fondues, nouilles de toutes sortes, légumes croquants – avant de plonger le tout dans le liquide brûlant, doux ou épicé, au choix, une fois revenu à table. Un petit comptoir de sauces et de condiments nous permet d'assaisonner le tout.

> C'est la formule : un seul prix et on se sert à volonté. Le midi, on offre surtout de la viande, des pâtes et des légumes, tandis que le soir, pour un peu plus cher, il y a aussi toutes sortes de fruits de mer.

- On peut s'asseoir à des tables avec un seul réchaud et une seule marmite centrale de bouillon ou choisir des tables à réchauds individuels.
- Les enfants aiment bien, car ils peuvent choisir ce qu'ils veulent et préparer eux-mêmes leur repas.

$ Ouvert midi et soir tous les jours

Mongolian Hot Pot
50, rue De La Gauchetière Ouest
Montréal
514 393-0888
Ou 7209, boulevard Taschereau
Brossard
450 812-4902
www.littlesheephotpot.com

Rubis Rouge

Avec sa salle immense et ses télés accrochées au plafond où l'on peut regarder autant des concerts rock asiatiques que des cours de danse aérobique en chinois, le Ruby Rouge nous amène réellement vers le Pacifique. Surtout qu'il est installé à l'étage d'un mini-centre commercial, rue Clark, où on peut acheter aussi bien une figurine Hello Kitty que des racines séchées... Avez-vous dit Hong Kong, ou alors Vancouver? On y est vraiment dépaysé. Partout dans le gigantesque espace du restaurant circulent des serveuses poussant des chariots remplis de plats de dim sum : dumplings vapeur aux crevettes et au porc, assiettes de verdures croquantes servies avec des montagnes de sauce aux huîtres, plats de nouilles frites, aubergines farcies... Nos préférés : les dumplings aux arachides, dodus et surprenants, les brocolis chinois encore croustillants, les petits paquets de riz collant farcis de viande...

> Quand on a envie de manger très rapidement, le sum est toujours une bonne option le midi puisqu'on n'a pas besoin de commander et d'attendre : la nourriture arrive tout de suite dans l'assiette.

- Pour un lunch d'affaires pas compliqué.
- Pour manger rapidement.
- Quand on est un bon groupe et qu'on veut souligner le départ ou la promotion d'un ou d'une collègue.

$ Ouvert le matin, le midi et le soir tous les jours
Brunch le week-end

Rubis Rouge
1008, rue Clark
Montréal
514 390-8828
www.restaurantrubyrouge.com

Maison Kam Fung

Il n'y a peut-être pas autant de bons restaurants de dim sum à Montréal qu'à Toronto ou Vancouver, mais il y en a quelques-uns qui se débrouillent très bien, comme ce Kam Fung, installé à l'étage d'un immeuble commercial du quartier chinois. Et si certains ne sont pas prêts à affirmer qu'il s'agit de LA meilleure adresse de dim sum à Montréal – ce qu'on aurait tendance à faire, nous – on ne peut nier que c'est LE restaurant de dim sum de référence pour de nombreux Montréalais d'origine chinoise. Les clients sont nombreux et le roulement important, donc tout est frais et les saveurs sont intéressantes, que l'on choisisse les classiques dumplings vapeur aux crevettes, les shu mai au porc, les champignons noirs farcis ou les montagnes de nouilles frites. Les plus aventureux pourront aller du côté des pieds de poules ou des côtes mijotées.

> Kam Fung n'est pas facile à trouver puisqu'il est niché au fond du deuxième étage d'un immeuble commercial.

- On n'est pas en Asie à Montréal, mais cet immeuble commercial avec ses boutiques et ses restaurants sur plusieurs étages fait un tout petit peu penser à Tokyo ou à Hong Kong.
- Pour un repas en groupe ou un lunch en tête-à-tête.
- Excellente destination pour les affamés qui ne veulent pas attendre avant de manger : la nourriture arrive tout de suite en chariot à la table.

$ Ouvert le midi et le soir tous les jours
Brunch le week-end

Maison Kam Fung
1111, rue Saint-Urbain
Montréal
514 878-2888
Ou 7209, boulevard Taschereau
Brossard
450 462-7888

Devi

Ce resto indien prépare de la cuisine du nord, celle héritée des palais mongols, raffinée, songée et faite avec soin, riche en beurre clarifié, crème et massala bien franc. Les chefs venus directement de New Delhi se sont installés dans la maison, rue Crescent, qui abritait jadis Les Halles. On est dans un autre univers culinaire, mais on demeure chez des perfectionnistes spécialistes des cuissons et des assaisonnements. On choisit les samosas aux pommes de terre et aux pois, les okras frits, le rogan josh, un curry d'agneau classique où la viande est marinée dans le yaourt et la cardamome puis cuite dans une sauce intensément aillée... Et ne pas oublier de savourer le tout avec amplement de pain nan, moelleux, sucré, et intensément réconfortant.

> Le décor a un style vieux palais exotique, un brin rococo...

- Pour un repas ethno-chic, avec prix en conséquence.
- Pour des amateurs de cuisine indienne qui préfèrent sortir en ville qu'aller dans les bouis-bouis de la rue Jean-Talon.
- Carte de vins ordinaire, mais pour accompagner la cuisine indienne, la bière est fortement recommandée.

 $$ Ouvert le midi et le soir tous les jours

Devi
1450, rue Crescent
Montréal
514 286-0303
www.devimontreal.com

Chipotle & Jalapeño

Murs de pierre, éclairage halogène, comptoir de bois blond tout autour d'un espace épicerie : ce Chipotle & Jalapeño, du nom des deux piments les plus populaires de la cuisine mexicaine, n'est pas juste un joli resto. Grâce à la qualité de ce qu'on y sert, c'est un lieu apprécié de tous, en commençant par les Mexicains montréalais. On s'y soucie de précision, d'authenticité. Le menu accorde beaucoup de place aux variantes de la galette de maïs, farcie, roulée sur elle-même, empilée ou échafaudée en baluchon et composée des habituels accompagnements de riz, de frijoles (haricots) et de guacamole. Mais on propose aussi une formule à deux plats inscrits sur un tableau noir pour une dizaine de dollars. On peut ainsi prendre une soupe de tortilla ou le pozole, ce potage nourrissant fait de gros grains de maïs blancs entiers qui n'a pas d'égal pour réchauffer l'âme en hiver et des plats à la sauce mole.

> Le burrito, plat hybride du nord constitué d'une galette de blé pliée sur un mélange de porc effiloché, est servi avec une sauce de type adobo, contenant des épices et des herbes, légèrement acidulée. Bref, on est loin du Tex-mex.

- Pour un repas mexicain authentique dans un joli lieu.
- Pour un repas vraiment pas très cher, qu'on arrose avec une bière fraîche.
- Pour prolonger les vacances ou les préparer.

$ Ouvert le midi tous les jours
Ouvert le soir du jeudi au samedi

Chipothle & Jalapeño
1481, rue Amherst
Montréal
514 504-9015

Thaïlande

Installé à un carrefour achalandé depuis des années, dans le Mile-End, ce restaurant qui continue de maintenir sa qualité et sa réputation, s'est constitué une clientèle fidèle. On y va pour la cuisine qui est officiellement thaïlandaise mais rejoint de bien des façons celle des origines laotiennes des propriétaires. On y prend des repas pleins de couleurs et de contrastes, entre le sucré et le salé, le pimenté et le doux, le gras et le liquide, le délicat et le violent. Il faut dire que le Laos et la Thaïlande ont bien des points en commun : usage de piments forts, lait de coco, riz glutineux, des dizaines de sautés de poisson, de volaille, de porc et autant de currys. Difficile, donc, de faire plus siamois que ce restaurant au décor rococo rutilant et à la cuisine authentique et bien relevée.

À Montréal, il n'est pas rare que les restaurants dits ethniques ne soient pas gérés par des gens originaires du pays en question. Ainsi, plusieurs restos japonais sont tenus par des Vietnamiens, alors que des restaurants indiens appartiennent à des Pakistanais.

$$ Ouvert le midi du mercredi au vendredi
Ouvert tous les soirs

Thaïlande
88, rue Bernard Ouest
Montréal
514 271-6733

Maison du Kebab

Tenu par un Canadien d'origine iranienne, venu de Téhéran il y a 25 ans et qui a appris à cuisiner en suivant son instinct et ses souvenirs d'enfance, ce petit établissement modeste propose une cuisine iranienne typique aussi accessible que déroutante. La menthe, le safran, le jus de citron et la cardamome y rencontrent un yaourt maison omniprésent, pour composer de goûteuses salades cuites et de tendres viandes grillées. Soupes aux pois et aux haricots avec menthe sautée au beurre et yaourt, salade de concombre très frais, salade cuite d'aubergine en purée aux parfums de tomate, d'ail et de braisé, montagnes de riz au safran servies avec grillades de poulet grillé ou de filet mignon mariné au citron... Pour une cuisine savoureuse et étonnante, mais toujours accessible.

> Pour boire avec le repas, on sert du thé parfumé à la cardamome ou une délicieuse boisson salée au yaourt et à la menthe. Et au dessert, on propose des beignets au miel et à l'eau de rose, que les enfants adorent.

- Pour un repas exotique, à prix abordable. On y va en tête-à-tête, sans autres attentes qu'un bon repas savoureux. Ou alors on choisit cette adresse pour un petit groupe d'amis culinairement curieux. Les lieux ne sont pas gigantesques.
- Les saveurs sont nouvelles, mais rien n'est trop épicé, ce qui permet d'y emmener facilement les enfants.

 $ Ouvert le midi et le soir tous les jours

Maison du Kebab
820, avenue Atwater
Montréal
514 933-0933

Aux lilas

Christine Faroud, la patronne de ce petit restaurant libanais installé depuis des lustres sur l'avenue du Parc, adore cuisiner. Ça se voit et ça se goûte surtout. D'ailleurs, on a l'impression de l'entendre commencer à ciseler les herbes à peine la commande donnée. Maîtrise parfaite des techniques, sens aigu des parfums et des aromates : la cuisinière travaille avec sa tête et ses émotions et prend soin des plats de sa clientèle comme si elle cuisinait pour sa propre famille. Ici, absolument tout est fait à la minute, goûté et testé avant d'atterrir sur la table, que ce soit le hoummous, la viande grillée, un ragoût d'okra à la mélasse de grenadine ou un taboulé. Une cuisine humble qui nous transporte loin.

Si vous avez envie de partir en pique-nique ou tout simplement d'attraper un repas déjà tout prêt avant de rentrer à la maison, de nombreux plats peuvent être aisément mis en boîte et emportés. Il suffit d'appeler à l'avancer pour demander qu'on vous prépare le tout.

- Pour un tête-à-tête loin des foules.
- Pour voyager sur les bords de la Méditerranée en plein milieu de l'hiver.
- Pour apprendre aux enfants ce que goûte une bonne salade.

$$ Ouvert le soir seulement du mardi au samedi
Fermé le lundi
En été : fermé le dimanche et le lundi

Aux lilas
5570, avenue du Parc
Montréal
514 271-1453
www.auxlilasresto.com

El Refugio

Voilà bien plus de 20 ans que l'on fréquente cette petite boulangerie du boulevard Saint-Laurent. Et elle ne change pas. Elle a encore la réputation d'être un des rares endroits où l'on prépare les empanadas réellement comme au Chili. Et quoi qu'il en soit, ces empanadas sont toujours impeccables. Chez El Refugio, il n'est pas question de décliner ces petits pains fourrés à la viande, en mille saveurs diverses. Il n'y en a qu'une seule sorte. Celle du Chili, au bœuf haché et aux œufs durs, avec oignons et olives noires douces. C'est savoureux, réconfortant, la pâte y est toujours délicieusement élastique, voire un peu sucrée, et le jeu de textures des œufs durs et des olives fait de ces empanadas des en-cas, ou même un petit lunch, réellement originaux. On peut les acheter et les emporter pour aller les manger dans un parc ou à la maison, ou on peut rester sur place. On accompagne alors son empanada d'une boisson gazeuse importée du Chili par les propriétaires.

> La boulangerie est un véritable refuge pour âmes hispanophones et latinophiles affamées. Si vous voulez parler en espagnol – même si ce ne sont que quelques mots – on se fera un plaisir de vous donner la repartie dans la langue d'Isabel Allende.

- Pour un repas rapide savoureux, pas cher et original.
- Quand on veut prendre quelque chose à emporter qui ne soit pas, encore, un autre sandwich.
- Pour les nostalgiques de l'Amérique du Sud qui ont envie de voyager avec leurs papilles.
- La boulangerie offre d'autres spécialités. chiliennes, y compris les allullas, des petits pains blancs, ronds, typiques et des produits importés, comme des confitures.

 Ouvert le midi seulement du lundi au samedi
Fermé le dimanche

El Refugio
4648, boulevard Saint-Laurent
Montréal
514 845-1358

La Caverne

Installé dans un demi-sous-sol du chemin de la Côte-des-Neiges, décoré de fausses pierre et de têtes d'animaux empaillés, La Caverne est un lieu de retrouvailles pour la communauté russe montréalaise et on le sent dès qu'on y met le pied. Le proprio est là, discute en russe avec des copains. L'atmosphère est très conviviale. Les vendredis et les samedis, on y fait même de la musique et ça chante! Au menu, les plats sont costauds et savoureux. Le borscht, la typique soupe au chou et à la betterave qui lui donne une jolie teinte rose, réchauffe et calme l'appétit, surtout quand on y trempe un peu de pain noir légèrement beurré. Idem pour les blinis, ces crêpes légèrement sucrées servies farcies avec de la viande ou de la pomme de terre et des champignons. Les salades, elles, sont offertes selon leur couleur : salade verte avec vinaigrette, salade rose de hareng et betterave, salade orange de carottes... Bref, c'est savoureux, roboratif, sympathique. Et on s'y sent réellement ailleurs.

> À ne pas manquer, les pelmeni ou alors les manty, de gros raviolis farcis au boeuf et à la citrouille et cuits à la vapeur, que l'on déguste encore et toujours avec de la crème sure.

- Ce restaurant est idéal pour un repas en groupe. Du lundi au jeudi, on y emmène les enfants sans hésiter.
- Le vendredi et le samedi, il y a de la musique.
- Pour avoir vraiment l'impression d'être en Russie.

$ ou $$ Ouvert le midi et le soir tous les jours

La Caverne
5184A, chemin de la Côte-des-Neiges
Montréal
514 738-6555

Bu

Tenu par un musicien québécois, un Milanais et une chef d'origine mexicaine qui a vécu pendant 20 ans en Italie, Bu est un restaurant décidément moderne et allumé où l'on prépare une cuisine italienne dans le plus grand respect des traditions, mais dans un contexte tout sauf ringard. La carte des vins est longue, le menu l'est un peu moins. Mais si les plats qui s'y trouvent sont simples, ils sont parfaitement bien préparés, car les ingrédients sont bons. Prenez de la viande de bœuf de très belle qualité tranchée hyper finement, de la roquette bien fraîche, du vrai parmesan en fines tranches, de l'huile d'olive et du sel, et vous avez un excellent plat minimaliste. C'est ainsi que l'on cuisine chez Bu, que vous choisissiez la bresaola, les pâtes au prosciutto et aux tomates ou les cigares au chou. Le superflu n'y a pas sa place.

> Les amateurs de design moderne apprécieront le décor primé – notamment les chaises de couleur – qui a plu notamment aux journalistes du magazine *Wallpaper*.

- Pour une soirée entre amis ou alors pour bien manger après un spectacle ou une longue soirée de travail : la cuisine est ouverte jusqu'à 1 h, tous les soirs !
- Pour les amateurs de bonnes bouteilles, puisque ce lieu est un bar à vin et fut d'ailleurs l'un des premiers à l'afficher ainsi.

$$ Ouvert le soir seulement, tous les jours

Bu
5245, boulevard Saint-Laurent
Montréal
514 276-0249
www.bu-mtl.com

Talay Thaï

Année après année, pad thaï après pad thaï et caris verts après caris verts, ce restaurant de Côte-des-Neiges, reste l'un des rares en ville où la cuisine thaïe est musclée et nerveuse comme elle doit l'être. Bonjour le piquant. Mais si elle n'est pas pimentée cette cuisine, peut-elle réellement être thaï? En cuisine, ça bouge : salades à la mangue verte et au poulet, potages aux crevettes et au tamarin, caris au basilic... Tout est frais, croquant, craquant, vitaminé... On se croirait à Phuket ou à Patpong. À essayer en plein hiver, quand le moral a besoin de saveurs ensoleillées.

> À Montréal, difficile de trouver un meilleur pad thaï – nouilles sautées, œuf, poulet, crevettes, jus de tamarin, etc. –, le plat national de la Thaïlande.

- Pour clore le bec à votre copain-collègue/ami d'enfance qui n'arrête pas de se vanter qu'il est capable de manger plus épicé que tout le monde
- Pour un souper galant extrême où le but est de voir s'il est vrai que votre dulcinée/chum est capable de tolérer le piment et qu'il ou elle pourra partir avec vous vivre dans la campagne thaïlandaise pendant trois ans.
- Pour vous rappeler avec nostalgie votre dernier voyage en Thaïlande...

$ Ouvert le midi du lundi au vendredi
Ouvert tous les soirs

Talay Thaï
5697, chemin de la Côte-des-Neiges
Montréal
514 739-2999

The Sparrow/ Le Moineau

Très discret, voire à la limite un peu secret, ce lieu s'est mis à attirer les foules dès son ouverture. Pas étonnant. On s'y sent tout de suite bienvenu. Les prix sont raisonnables. La clientèle est allumée. Et la cuisine est délicieuse et originale : c'est une cuisine à la britannique, avec boudin et fish'n'chip comme on en voit peut ailleurs. En gros, c'est un bistro *british cool*. Autant le menu que le décor font en effet référence à une certaine Angleterre vieillotte, chaleureuse, savoureuse, toute en porcelaine ancienne, en thé bien sucré, en papier peint sombre et en plafonds de métal frappé. On est sur le boulevard Saint-Laurent d'Arcade Fire et de Leonard Cohen, mais on mange chez Agatha Christie.

> Au brunch, on sort le grand attirail britannique: le blood pudding (le boudin), les œufs, le bacon artisanal... Mais ce sont les beignets aux bananes et au chocolat qui volent la vedette.

- Pour un repas délicieux, dans une athmosphère artistico-*cool*, très Mile-End, avec musique appropriée.
- Coup de coeur pour le sandwich au poisson frit, une sorte de hamburger au fish'n'chips et le thé glacé maison.
- Lieu fréquenté par des vedettes qui attendent leur tour pour avoir une table comme tout le monde.
- Au moment d'aller sous presse, le restaurant attendait son permis d'alcool.

$ Ouvert le midi du mercredi au dimanche
Ouvert pour le brunch le samedi et le dimanche

The Sparrow/Le Moineau
5322, boulevard Saint-Laurent
Montréal
514 690-3964

Dépanneur Le Pick Up

Installé dans un quartier que l'on pourrait appeler Parc Extension Sud, ou Petite-Italie Ouest, le Pick Up est un commerce datant authentiquement des années 50, racheté et transformé en dépanneur-diner par une petite équipe de jeunes gens très cool, dont Bernadette Houde, du groupe de musique indie Lesbians on Ecstasy. Fréquenté à la fois par une clientèle venue des studios d'artistes et de musique installés dans les anciens bâtiments industriels des environs et par ceux qui habitent dans le quartier depuis toujours, on y mange autant un sandwich au porc effiloché (en version traditionnelle ou vegan!) une salade-repas, et autant un grilled-cheese au haloum qu'aux tranches Kraft.

Ce petit lieu sert aussi de galerie d'art où l'on met en scène des installations souvent allumées, souvent déjantées.

- Pour un repas tout simple, pas cher et surprenant, dans une atmosphère très avant-gardiste, mais néanmoins conviviale.
- Quelques tables à pique-nique installées devant et à l'arrière du dépanneur permettent de manger *al fresco*.

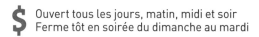

$ Ouvert tous les jours, matin, midi et soir
Ferme tôt en soirée du dimanche au mardi

Dépanneur le Pick Up
7032, rue Waverly,
Montréal
514 271-8011

M : BRGR

Après la Paryse et l'Anecdote, M : BRGR, rue Drummond, est rapidement devenu un des meilleurs endroits de Montréal où aller pour déguster de bons hamburgers. C'est un *diner* où on réinvente les classiques du casse-croûte – au menu : hot dogs, poutine, macaroni au fromage et toutes sortes d'autres petites choses que l'on peut accompagner d'un verre de vin ou d'une bière. Mais on y sert surtout des hamburgers. Il y a le basique à la viande AAA, le végé, le bio et le bœuf de Kobé, vendu cher (19,75 $) avec un mini-contenant de mayonnaise à la truffe. Les copropriétaires sont aussi copropriétaires de Moishe's, le célèbre *steakhouse* du boulevard Saint-Laurent qui nous a habitués à de la viande de grande qualité. Décor moderne et atmosphère très vivante.

Un coup de cœur : les frites aux patates douces.

- Pour un repas du midi solide, pas compliqué et intéressant, pour placoter avec un collègue ou au milieu d'une solide journée de shopping au centre-ville.
- Décor moderne et allumé.
- Toutes sortes d'options aussi pour les végétariens, et ceux qui aiment des hamburgers sophistiqués.

$ ou $$

Ouvert le midi et le soir tous les jours

M : BRGR
2025, rue Drummond
Montréal
514 906-2747
www.mbrgr.com

L'Anecdote

Depuis quelques années, tout le monde essaie de réinventer le pâté chinois et le macaroni au fromage. Mais l'Anecdote, un classique du Plateau Mont-Royal, réinvente le hamburger bien garni – qui n'a rien à voir avec ce que l'on appelle malbouffe – depuis toujours. On prépare les hamburgers avec du bœuf de bonne qualité, évidemment, mais aussi de l'agneau, du cerf, du poulet... Et on les garnit de toutes sortes d'ingrédients aussi sympathiques que le fromage bleu, les champignons ou la mayonnaise maison épicée. Le matin, les petits-déjeuners sont préparés avec le même souci. On propose en outre, un menu du jour incluant généralement omelette, pâtes, salades et compagnie.

> La salle du fond avec ses tables en métal digne des Plouffe accueille les familles nombreuses. Les banquettes en cuirette et le bar de l'entrée conviennent mieux aux couples et autres artistes post-ados égarés.

- Pour faire semblant de faire une grosse faveur aux enfants tout en se régalant soi-même.
- Pour assouvir une bonne grosse faim qui vient de loin (pensons femme enceinte).
- Pour un premier rendez-vous galant vraiment, vraiment pas compliqué.

 Ouvert matin, midi et soir tous les jours

L'Anecdote
801, rue Rachel Est
Montréal
514 526-7967

119

La Paryse

Ouvert il y a plus de 20 ans tout près du Cégep du Vieux-Montréal, La Paryse est devenue une véritable institution montréalaise. Lorsqu'on cherche un bon hamburger classique fait de bonne viande hachée, de bon pain moelleux, de belles vraies tranches de tomates, de salade, on peut y aller les yeux fermés... On est loin des sauces dégoulinantes et des ingrédients non identifiés et non identifiables des grosses chaînes. Les frites sont maison, bien entendu, et les assiettes contiennent même une petite salade de laitue, concombre, carottes râpées...

> On sait que les hamburgers de la Paryse sont excellents. Mais ce qui est moins connu, c'est qu'on y trouve un des meilleurs gâteaux aux carottes en ville. Et le gâteau au chocolat se défend aussi fort bien.

- Pour un repas en famille tout simple à condition d'arriver tôt si on veut éviter la file d'attente.
- Pour un repas de gars... avec enfants.
- Pour une première soirée galante quand on a 20 ans ou quand on veut faire semblant qu'on a 20 ans.

$ Ouvert le midi et le soir du mardi au dimance
Fermé le lundi

La Paryse
302, rue Ontario Est
Montréal
514 842-2040

Schwartz

Peu importe ce qu'en pensent les puristes, ce restaurant ouvert en 1930 continue d'être un des plus célèbres chaotiques et sympathiques emblèmes touristiques de Montréal. On y déguste du smoked meat (medium pour qu'il soit bien juteux), des frites et des cornichons. C'est tout. Pas de dessert. Argent comptant seulement. On y mange tassés comme des sardines, le nez dans l'assiette des voisins. La popularité (internationale) des lieux est portée par la réputation de sa viande de bœuf fumée aux épices secrètes. Difficile d'y aller à l'heure des repas sans se heurter à une file d'attente, qui a la grande qualité de bouger rapidement. Et à la limite, on peut commander pour emporter et aller savourer le tout au parc Jeanne-Mance.

> Une partie du plaisir de l'expérience est de manger en regardant les serveurs se démener dans un espace minuscule, bondé, bruyant, où l'on retrouve des personnages qui pourraient sortir d'un film de Woody Allen ou d'un roman de Mordecai Richler.

- Pour faire connaître cette spécialité montréalaise à des visiteurs étrangers.
- Pour un repas très rapide, très urbain.
- Pour avoir l'impression d'être dans un film ou transporté il y a 60 ans...
- On peut y aller avec des enfants, mais le menu est court, il n'y a pas de dessert et la voisine collée à votre table risque de ne pas être trop contente si fiston renverse son verre de Black Cherry...

 $ Ouvert matin, midi et soir tous les jours

Schwartz
3895, boulevard Saint-Laurent
Montréal
514 842-4813
www.schwartzsdeli.com

Deli Snowdon

Si Schwartz est trop «touristique» ou tout simplement trop bondé pour vous, rendez-vous au «Snowdon Del'», comme l'appellent les habitués. C'est un des grands delicatessens montréalais. Moins célèbre que Schwartz, moins connu internationalement, mais tout aussi authentique, archipopulaire. Dans la communauté juive, c'est l'adresse des connaisseurs qui veulent éviter les évidences. Avec son décor gris-beige, le Deli Snowdon a été trop rénové pour posséder le charme rétro de ses 60 ans. Mais ne vous inquiétez pas, pour le smoked meat – choisissez medium «old fashioned», surtout pas maigre –, rien n'a été changé à la recette, et on est dans les grandes ligues. On peut aussi y manger toutes sortes d'autres plats typiquement ashkénazes, comme la soupe aux boulettes de matzo, le poisson gefilte, le foie haché, les sandwichs à la dinde fumée... Ambiance néon. Et le service? Gentil, efficace et parfait quand on a des enfants.

> Si Schwartz est situé au cœur du quartier juif historique, le Snowdon Del', lui, est proche de Côte-Saint-Luc et Hampstead, plus contemporains.

- Parfait pour un repas en famille.
- Parfait pour le snob qui trouve Schwartz trop touristique et connu.
- Ambiance plutôt néon à l'intérieur, donc déconseillé pour une soirée romantique. Mais excellente adresse pour post-psychotoniques en quête d'originalité décalée.

$ Ouvert matin et midi tous les jours
Ferme tôt en soirée

Deli Snowdon
5265, boulevard Décarie
Montréal
514 488-9129

Olive et Gourmando

Olive a changé. Il a été rénové. Il a perdu ses fours à pain. Mais il demeure le roi du sandwich et des brownies. Il ne se fait pas mieux en ville. Surtout qu'il y a maintenant un nouveau sandwich divin au menu : une création aux œufs, au jambon et à la tomate qui renouvelle la carte et nous donne plus que jamais l'envie d'y retourner. Car, qu'ils soient chauds ou froids, préparés avec des légumes de saison grillés ou des charcuteries locales, les sandwichs d'Olive et Gourmando sont toujours succulents notamment parce que le pain continue d'être fait maison – seule la fabrication de miches a cessé – et qu'il combine le meilleur du croustillant et du moelleux. Salades aux saveurs hétéroclites, viennoiseries divines, jus impeccables et même quelques bonnes petites bouteilles de vin complètent le tout. Le casse-croûte idéal.

Julia Roberts, Ethan Hawke, Susan Sarandon... Au cœur du Vieux-Montréal et proche des beaux hôtels-boutiques, Olive et Gourmando est un bon endroit où croiser le regard d'une vedette de passage.

- C'est toujours bondé. Pas un bon endroit pour un lunch de travail si on a besoin d'intimité, mais si on veut voir du monde, c'est idéal.
- Pour y aller avec les enfants, mieux vaut choisir les heures creuses.
- Si le café est trop plein, en été, on prend son lunch et on va le manger à la place d'Youville, à deux pas de là.

$ Ouvert le matin et le midi du mardi au samedi
Fermé le lundi et le dimanche

Olive et Gourmando
351, rue Saint-Paul Ouest
Montréal
514 350-1083
www.oliveetgourmando.com

Europea Espace boutique

Europea est un restaurant très chic et très français du centre-ville. Europea Espace Boutique est son petit frère, un casse-croûte où, au lieu de repas huit services, on achète des sandwichs, des salades et des pâtisseries pour manger rapidement. Points communs toutefois : même souci de qualité. Même gentillesse de l'accueil. Installée dans le Vieux-Montréal, la boutique compte aussi trois tables et un comptoir à café si on préfère manger sur place un sandwich à l'effiloché d'agneau braisé, une salade bocconcinis ou un macaron au café... On n'y va pas pour l'originalité débridée des plats, mais on est quand même loin des sandwichs jambon-fromage traditionnels endormants.

> Les amateurs de macarons seront heureux d'apprendre qu'Europea Espace Boutique en fait une de ses spécialités.

- À conseiller à des amis touristes qui veulent faire un petit pique-nique au Vieux-Port, situé à deux pas.
- Si on est pris pour la journée au palais de justice ou à la Cour municipale ou qu'on se propose une visite au Centre des sciences ou au cinéma Imax...

 Ouvert le midi seulement du lundi au vendredi
Fermé le samedi et le dimanche

Europea Espace boutique
33, rue Notre-Dame Ouest
Montréal
514 844-1572
www.europea.ca

Marché 27

Si vous êtes amateur de tartares, vous serez heureux au Marché 27, un petit resto contemporain *cool* qui propose rien d'un moins qu'un bar à tartares. On choisit la protéine (thon, saumon, bœuf...), le type de tartare (à l'asiatique, à la française, à l'italienne, etc.) et l'on se retrouve avec un tartare sur mesure, copieux et frais. On ajoute croûtons, frites ou oignons frits, et nous voilà dans un univers citadin inspiré de mille voyages. Et comme le décor fait dans le bistro post-industriel, avec tuiles, acier et ardoises, on se dit que Montréal n'est pas si loin que ça, finalement, de Berlin, Sydney ou East Village. Et ça fait du bien, quand on n'a pas de voyage urbain prévu dans les jours à venir.

> Les tartares sont de loin les plats les plus intéressants de ce lieu bien lancé.

- Un joli lieu contemporain pour le lunch.
- Pour un brunch de style bagel saumon fumé ou pain perdu au panettone.
- Un *must* pour les amateurs de tartares.
- Carte des vins au verre.

$ ou $$

Ouvert matin, midi et soir, tous les jours

Marché 27
27, rue Prince-Arthur Ouest
Montréal
514 287-2725

125

Vasco de Gama

Petit frère du Café Ferreira, rue Peel, le Vasco da Gama est un des meilleurs cafés du centre-ville quand vient le temps de s'arrêter pour manger un sandwich ou une salade.

Car chez Da Gama, ce n'est pas parce qu'on se spécialise dans le lunch pas compliqué qu'on ne cuisine pas sérieusement et savoureusement. *Wraps* aux crevettes, avocat et mangue, sandwichs au canard confit avec figues et roquette... On peut prendre un lunch et l'emporter dans une petite boîte dans un parc ou au bureau ou alors manger sur place, sur l'une des quelques tables. Le restaurant est petit et achalandé, mais on aime le roulement, car il est synonyme de fraîcheur.

> Une des rares adresses du centre-ville où manger rapidement est possible sans que l'on ait à faire de compromis côté qualité.

- Pour une pause au milieu d'une journée de shopping.
- Pour bien manger même si on n'a que le temps pour un sandwich entre deux réunions de travail.
- Pour parler de compressions budgétaires avec votre associé (si d'habitude vous mangiez au Ferreira Café). Pour annoncer une augmentation de salaire à un employé qui d'habitude apporte son lunch de la maison...

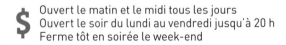

$ Ouvert le matin et le midi tous les jours
Ouvert le soir du lundi au vendredi jusqu'à 20 h
Ferme tôt en soirée le week-end

Vasco de Gama
1472, rue Peel
514 286-2688
www.vascodagama.ca

Bahn-mi Cao-Thang

Difficile de trouver un meilleur rapport saveur/prix que ces sandwichs vietnamiens préparés au fur et à mesure dans cette minuscule échoppe du boulevard Saint-Laurent, dans le quartier chinois. Préparées avec des tonnes de coriandre, de piment et ponctuées de viandes grillées et assaisonnées, ces baguettes vietnamiennes sont en effet délicieuses et allumées à souhait. Étonnant, dites-vous, qu'en Asie on prépare des sandwichs avec de la ficelle? Pas du tout, puisque le Vietnam fut jadis colonie française... Porc grillé, poulet mariné... Tous les sandwichs sont bons.

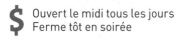

Difficile de trouver des sandwichs moins chers que ça et surtout, aussi savoureux : les banh-mi coûtent autour de 3 $!

- Pour un repas ultra-rapide, ultra-pas-cher.
- Pour un sandwich pas banal avant d'aller faire un pique-nique au Vieux-Port. Encore moins banal si on ajoute un autre des mets vietnamiens à emporter proposés au comptoir.

$ Ouvert le midi tous les jours
Ferme tôt en soirée

Bahn-mi Cao-Thang
1082, boulevard Saint-Laurent
Montréal
514 392-0097

SoupeSoup

Il existe plusieurs succursales de ce restaurant voué, comme son nom l'indique, à la soupe sous toutes ses formes. Mais notre préféré est dans le Vieux-Montréal, rue Wellington. L'espace industriel, rénové par l'architecte Henri Cleinge et meublé notamment d'anciennes chaises Eames est en effet tout simplement aussi vaste que lumineux et spectaculaire. Au menu : de la soupe et encore de la soupe. Et des sandwichs et quelques desserts. Potage aux lentilles, laksa, pho à la vietnamienne, soupe brésilienne... Chez SoupeSoup, les soupes sont variées et pour tous les goûts. Certaines sont plus claires, d'autres plus riches. Certaines sont bien épicées, d'autres plus crémeuses. Tout est fait sur place – la cuisine de Wellington est la cuisine centrale du groupe – et la cuisinière en chef, Caroline Dumas, essaie de s'approvisionner elle-même au marché, pour y trouver des produits frais, de la meilleure qualité possible et souvent bios.

> On s'en tire pour 12 $ par personne, avec soupe, demi-sandwich et un dessert partagé.

- Pour un lunch rapide, pas trop lourd et sympathique.
- Parfait pour les végétariens qui aiment les potages aux légumes et aux légumineuses.
- Les amateurs de déco moderne *vintage* adoreront l'espace rue Wellington

 Les heures d'ouverture varient d'une succursale à l'autre

SoupeSoup
649, rue Wellington
514 759-1159
Ou 80, rue Duluth Est
Ou 174, rue Saint-Viateur Ouest
Ou 2800, rue Masson
www.soupesoup.com

Échoppe des fromages

Décoré avec des dessins d'enfants accrochés un peu partout, meublé de bois incluant un banc d'église, le casse-croûte de l'Échoppe des fromages a quelque chose de la chaleur réconfortante et sans façon des cafés d'autrefois où l'on servait des croque-monsieur. Maintenant on ne les appelle plus ainsi, mais plutôt panini ou «croûte». Peu importe. À l'Échoppe, une véritable institution de Saint-Lambert et la Rive-Sud, on en fait de délicieux. Ceux sur le menu sont proposés avec du brie, du gruyère, du chèvre ou du bleu. Mais demandez à la serveuse de vous faire une suggestion parmi les magnifiques et nombreuses pâtes offertes dans ce lieu voué au fromage et vous serez comblés. Migneron, Riopelle, crottins, d'Iberville…

Mention spéciale pour la limonade maison et pour les produits d'épicerie fine vendus dans la fromagerie. Les trouvailles y sont nombreuses.

- Un lieu incontournable pour les amoureux du fromage.
- Pour un lunch rapide de qualité.
- Lorsqu'on veut faire d'une pierre trois coups : quelques courses, une bouchée et un café.

$ Ouvert le matin et le midi tous les jours
Ouvert le vendredi soir

Échoppe des fromages
12 rue Aberdeen
Saint-Lambert
450 672-9701
www.lechoppedesfromages.com

Histoire de pâtes

D'abord et avant tout marchand de pâtes fraîches, Histoire de pâtes n'a que quelques tables et tabourets. Mais si l'on a envie d'un repas rapide, constitué principalement d'un plat de pâtes, avec quelques olives en entrée, pourquoi ne pas s'y arrêter? Après tout, le lieu est joli et les pâtes, excellentes. Les repas sont servis uniquement le midi et la formule est ultra-simple: voici deux ou trois possibilités de pâtes (radiotori? penne?) voici quelques options sauces (rosé? cacciatore?). Vous choisissez la combinaison qui vous plaît et voilà. En quelques minutes, c'est servi et c'est aussi minimaliste que simple et bon. Pour boire, on attrape une limonade dans le frigo et pour le dessert, un chocolat au comptoir.

> On peut prendre une bouchée à midi en même temps qu'on fait quelques courses: pâtes fraîches ou congelées, épicerie fine italienne, etc.

- Pour les inconditionnels des pâtes.
- Ouvert seulement pour le lunch.
- Pour un repas rapide, mais chaud et bon.
- Pour combiner lunch et courses dans un seul et même lieu.
- On y va seul ou à deux, trois à la limite. C'est minuscule.

$ Ouvert le midi tous les jours
Ouvert jusqu'à 20 h le jeudi et le vendredi
En été: fermé le dimanche

Histoire de pâtes
458, rue Victoria
Saint-Lambert
450 671-5200
www.histoiredepates.com

Cocoa locale

Les cupcakes et les gâteaux de Reema Singh, de Cocoa locale, sont les chouchoux des *foodies* montréalais, qui adorent son approche à la fois très «maison» – on est loin de la pâtisserie classique – et très innovatrice. Où ailleurs mange-t-on du gâteau renversé à la poire et au sirop d'érable façon tatin? Ou des cupcakes choco-chai au chocolat 70%? Bref, toutes sortes de choses sucrées que l'on pourrait réunir sous le vocable «fait maison *funky*» avec leurs ingrédients inhabituels, que ce soit la lavande, les courgettes, le gingembre frais, l'huile d'olive ou la cardamome. À essayer.

Chez Cocoa locale, on trouve aussi de magnifiques gâteaux «Bundt» – vous savez, ces gâteaux traditionnels américains d'inspiration allemande faits dans des moules très ouvragés – et d'autres décorés avec des pétales de fleurs.

- Pour prendre une petite sucrerie réconfortante et de qualité.
- Pour apporter un dessert chez des amis,
- Pour trouver des idées nouvelles et rencontrer la sympathique Reema.
- Évidemment, on peut commander des gâteaux pour des événements spéciaux.

$ Ouvert de mercredi à dimanche
Fermé lundi et mardi

Cocoa locale
4807, avenue du Parc
Montréal
514 271-7162
www.cocoalocale.com

Le Bar à chocolat

C'est tout blanc et plein de lumière. Et tout ce qu'il y a à boire ou à manger (ou presque) est fait de chocolat. Le paradis? Non, c'est le bar à chocolat de Geneviève Grandbois, dans le complexe DIX30 à Brossard. On peut non seulement y acheter les fameux chocolats GG au chai, badiane, caramel à la fleur de sel et compagnie, mais où on peut, en plus, s'y asseoir pour causer chocolat et... prendre un chocolat. Un chocolat chaud à boire, crémeux et épais, profond et à peine amer, comme en Espagne ou en Italie. Ou alors un chocolat à manger, sous forme de gâteau, brownies, biscuits... Café espresso et glaces en été complètent

> Geneviève Grandbois organise des séances de dégustation pour tout apprendre sur le chocolat.

- Une des meilleures chocolateries de la région montréalaise.
- Pour prendre un délicieux dessert.
- On y va avec les enfants ou entre adultes.
- Pour se réchauffer avec un bon chocolat chaud en hiver.

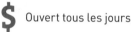 **$** Ouvert tous les jours

Le Bar à chocolat
Quartier DIX30
Place Extasia
9389, boulevard Leduc
Brossard
450 462-7807
www.chocolatsgg.com

La Cornetteria

Si vous aimez les croissants à l'italienne, ceux qu'ils mangent le matin avec le cappuccino, il faut arrêter à cette mini pâtisserie du boulevard Saint-Laurent, aux abords de la Petite-Italie. Dans la péninsule, on les appelle cornetti et ils sont généralement fourrés d'une crème aux noisettes ou à la vanille, d'une confiture à l'abricot ou alors carrément à la ricotta sucrée, par exemple. Leur pâte est moins feuilletée au beurre que celle des croissants français et ressemble légèrement plus, côté texture, à celle du pain. La Cornetteria confectionne ses cornetti et les sert frais, à son petit comptoir, en plus d'en distribuer dans quelques cafés montréalais. Ici, autour de trois tables, dont certaines sur le trottoir l'été, et de quelques tabourets, on s'installe pour lui faire honneur.

> Sandwichs (panini) et autres pâtisseries, notamment le tiramisu, sont aussi offerts aux gourmands. Mais pour l'effet florentin, romain ou milanais, c'est le matin qu'on s'y arrête pour déguster un cornetto.

- Pour un petit-déjeuner inhabituel et rapide : cornetto et cappuccino.
- Pour se remémorer un voyage en Italie, même si pour l'effet total, il faut prendre le tout debout.

 **$** Ouvert tous les jours

La Cornetteria
6528, boulevard Saint-Laurent
Montréal
514 277-8030
www. lacornetteria.com

Riz en folie

New York l'avait depuis quelques années. Maintenant, Montréal a son café spécialisé uniquement en pudding au riz. Étonnant? Oui. Délicieux? Tout à fait. Le pari est audacieux dans un marché comme celui de Montréal, mais le résultat est intéressant. On choisit un plat de plastique de la taille qu'on veut et qu'on rapportera pour le remplir à nouveau la prochaine fois et hop, on choisit le pudding au riz qui nous plaît. Chocolat au lait? Fruit de la passion? Vanille? Le lieu est vitaminé et très épuré avec mobilier moderne et couleurs acidulées. On se croirait ailleurs. Dans une ville ultra-branchée, ou dans les pages d'un reportage de *Dwell* ou de *Côté Paris*. Le service est adorable.

> Les parfums ont été conçus par l'excellent chef Darren Bergeron, du Decca 77. On est très loin de la masse informe et glutineuse des cafétérias!

- Pour les nostalgiques qui adorent le pudding au riz de leur enfance et veulent redécouvrir ce dessert.
- Pour terminer un repas ou alors une collation inusitée à 16 h ou même le matin...

 **$** Ouvert tous les jours

Riz en folie
2153, rue Mackay
Montréal
514 750-3415
www.rizenfolie.com

Cho'cola

Le cupcake n'est plus une tendance à la mode. Il fait maintenant partie du paysage, qu'il soit rose ou mauve, parfumé au chocolat équitable ou à la guimauve et au caramel. Et plus aucun amateur de desserts rétro ne saurait vivre sans ces pâtisseries-café spécialisées dans les *cupcakes*, ces petits gâteaux, couverts de glaçage coloré très sucré, très années 50. Dans l'ouest de la ville, à Notre-Dame-de-Grâce, on compte sur Cho'cola où ces gâteaux sont déclinés pour tous les goûts, que ce soit un classique chocolat-vanille ou une création à la noix de coco ou à la lavande. Et tout est naturel et a un bon goût maison. On peut aussi y prendre un sandwich végétarien, un morceau de gâteau, un muffin, un café...

> L'été, on ouvre une petite terrasse abritée pour profiter du beau temps sans être cuit par le soleil. L'automne, on s'installe à l'intérieur où règne une ambiance très *diner*.

• Pour changer de la crème glacée, quand on veut sortir avec les enfants, après le souper, à la recherche d'un dessert.

• Pour faire une pause café-gâteau, l'après-midi, quand on fait l'école buissonnière.

 Ouvert matin, midi et soir tous les jours

Cho'cola
5601, avenue de Monkland
514 485-2652

Itsi Bitsi

On y arrête après avoir fait les courses au marché Atwater. Ou alors on bifurque vers son comptoir lors d'une balade en vélo le long du canal Lachine. Peu importe. Installé rue Notre-Dame, Itsi Bitsi sert de délicieux petits *cupcakes* bien sucrés et bien décadents. Certains apprécieront ceux avec une pluie de noix de coco sur le glaçage tandis que les enfants dévoreront ceux au chocolat, à la fraise et à la vanille... Tout est fait sur place, et on sert même de la crème glacée. Bref, un stop dessert incontournable dans le quartier.

> Pour ceux qui cherchent une alternative *flyée* au gâteau de mariage traditionnel, Itsi Bitsi assemble des cupcakes en forme de pièce montée!

- Pour une pause sucrée après avoir fait les antiquaires de la rue Notre-Dame.
- Pour une douceur autre que la crème glacée après ou pendant une balade en vélo près du canal Lachine.
- Pour apporter un dessert sympathique dans une fête décontractée chez des amis à la dent sucrée.
- Attention, seul désavantage : Itsi Bitsi ferme tous les jours à l'heure du souper.

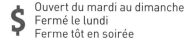

\$ Ouvert du mardi au dimanche
Fermé le lundi
Ferme tôt en soirée

Itsi Bitsi
2621, rue Notre-Dame Ouest
Montréal
514 509-3926
www.itsi-bitsi.com

Mamie Clafoutis

Lorsqu'on y entre, cette boulangerie nous fait sourire, si ce n'est que grâce à cette odeur chaude typiquement française de la pâte au beurre qui cuit doucement, dont elle se remplit à toute heure du jour. La France natale du boulanger et du pâtissier qui ont ouvert les lieux en 2008 est encore dans les saveurs qu'ils ont choisi de cuisiner, dans leurs sandwichs, leurs clafoutis, leurs quiches... Pourquoi ce nom? Pour qu'on s'y sente comme à la maison, d'ailleurs, à l'étage, on a installé un salon de thé, avec piano, bibliothèque, canapés... Aussi, la pâtisserie est familiale, simple. Et tant pis si tout n'est pas parfaitement lisse et peaufiné.

> Tous les mercredis, on prépare des crêpes. Au sucre ou au Nutella.

- Une jolie boulangerie-tarterie où on prépare notamment des clafoutis conjugués en toutes sortes de parfums – bleuets, cerises, abricots-amandes.
- Côté salé, les sandwichs sont nombreux, tout comme les quiches. Baguette aux rillettes du Mans et cornichons, baguette au jambon...
- La salle très conviviale à l'étage en fait un lieu parfait pour un lunch, une pause de milieu d'après-midi, pour un petit-déjeuner tardif... Ou alors on reste au rez-de-chaussée et on y prend tout simplement de bonnes choses à rapporter à la maison.

 Ouvert le matin, le midi et le soir tous les jours

Mamie Clafoutis
1291, avenue Van Horne
Montréal
514 750-7245

Le Petit Montmartre

Pourquoi faudrait-il nécessairement se mettre à fréquenter uniquement les grandes chaînes de restauration, boulangerie, épicerie et compagnie, quand on sort de la ville? À Rosemère, par exemple, on oublie les croissants manufacturés à l'autre bout de la métropole et envoyés congelés partout dans la province et on opte pour Le Petit Montmartre, une gentille boulangerie de la Grande-Côte. Idem pour les pains au chocolat et aux raisins qui ont le goût et l'arôme de cette France au beurre et à la levure fraîche qu'ont quitté les proprios au milieu des années 90. On y vend aussi des gâteaux, des quiches et même quelques salades que l'on sert dans des barquettes à emporter ou à manger sur place. Pour une véritable expérience ménagère à la française, on choisit celle au riz, tomate, thon, œuf dur et mayonnaise. Ou alors, on commande la mini-quiche lorraine. Ne manquent que les poireaux vinaigrettes.

> Avec ses arbres et ses maisons de bois cachées dans l'ombre et les fleurs, la vieille partie de Rosemère a des airs de Nouvelle-Angleterre. Jolie balade pour aller chercher croissants et pains au chocolat.

- Pour aller chercher des viennoiseries françaises de qualité sans se rendre jusqu'à Montréal et sans avoir à se rabattre sur les grandes chaînes.
- Pour un lunch vite fait, avec salades et quiches.

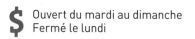

$ Ouvert du mardi au dimanche
Fermé le lundi

Le Petit Montmartre
342, chemin de la Grande-Côte
Rosemère
450 621-3838
Ou 3151, boulevard Dagenais Ouest
Laval
450 937-2577
www.lepetitmontmartre.ca

Léo le glacier

Maintenant, lorsqu'on parle d'aller prendre une glace rue Bernard, il faut préciser où l'on va, car au-delà du Bilboquet il y a Léo le glacier, une glacier artisanal installé près de Bloomfield, dont la cote ne cesse de grimper chez les amateurs de glaces et de sorbets d'Outremont (il y a aussi une succursale rue Duluth). Chez Léo, on oublie les classiques – c'est à peine s'il y a de la glace au chocolat ou à la vanille – et, à la place, on s'éclate avec des parfums comme pamplemousse-Campari ou thym-framboise. Oui, c'est moderne et audacieux. Parfois c'est vraiment très proche du produit frais (banane, mangue, noisette). La meilleure façon d'être sûr qu'on aime, c'est de demander à goûter. Les papilles demeurent les meilleurs juges.

> Le marché de la glace, à Montréal, est fouetté par ces nouvelles petites adresses. Tant mieux.

- Pour des parfums surprenants.
- Pour un vaste éventail de sorbets.

 Ouvert tous les jours de 11 h jusqu'en fin de soirée

Léo le glacier
1179, rue Bernard Ouest
Montréal
514 836-9055
Ou 916, avenue Duluth Est
514 658-9660
www.leoleglacier.com

Le Péché glacé

Il y a quelques années, on y a trouvé la meilleure glace à la pistache en ville. Depuis, ce lieu fait partie des références. On y va pour le sorbet au pamplemousse rose ou au cassis, pour la pistache, la noisette... Le glacier utilise des produits naturels, sans tricherie. Pour apprendre à faire de la crème glacée aussi bonne, les proprios sont allés étudier en Italie, royaume du gelato, avant d'ouvrir leur comptoir de l'est du Plateau. Le lieu n'est pas du tout design, mais il y a de l'espace pour s'installer si la pluie nous empêche de déguster notre glace au soleil en flânant dans le quartier.

Ce glacier propose aussi macarons glacés, crêpes et potages en hiver, car il est ouvert toute l'année.

- Pour de la crème glacée maison réellement bonne.
- On choisit citron ou tiramisu, on ferme les yeux et on s'imagine à Alba ou en Sicile.
- Option sans sucre pour les diabétiques.

 $ Ouvert le midi et le soir tous les jours

Le péché glacé
2001, avenue du Mont-Royal Est
Montréal
514 525-5768

Havre-aux-Glaces

On a d'abord découvert (et aimé) Havre-aux-glaces au marché Jean-Talon, mais la succursale du marché Atwater, avec son immense terrasse aux abords du canal Lachine et sa vue sur la ville illuminée le soir, rend la balade « cornet de crème glacée en famille » particulièrement spectaculaire en plus de délicieuse. Fraise et poivre, chocolat 70 %, noisette... Havre-aux-Glaces est un des meilleurs glaciers artisanaux de Montréal et ses parfums hyper variés goûtent toujours ce qu'ils annoncent. D'une fois à l'autre, on ne retrouve pas toujours les mêmes parfums puisque tout dépend des arrivages du marché.

On peut aussi acheter de la crème glacée et des sorbets en contenant de 500 ml. Autre détail : on peut mettre jusqu'à trois parfums dans un minibol. Essayez de battre ça!

- Si on veut séduire une fille ou un gars en lui montrant qu'on s'y connaît en dessert et en crème glacée, c'est l'endroit!
- Pour la pause sucrée au milieu d'une furieuse séance de shopping gourmand au marché Jean-Talon.
- Pour une pause le long de la piste cyclable du canal Lachine.

 Ouvert en été seulement de 9 h à 22 h
Ouvert le reste de l'année selon l'horaire du Marché

Havre-aux-Glaces
7070, rue Henri-Julien
Marché Jean-Talon
Montréal
514 278-8696
Ou Marché Atwater
Au bord du canal de Lachine
Montréal
514 592-8696

Caffè In Gamba

Le monde du café a beaucoup évolué depuis la fin de l'ère du café instantané. Il y a eu la découverte du filtre, à la française, puis celle de l'espresso. Maintenant, la tendance «troisième vague» se préoccupe de fraîcheur des grains, d'agriculture équitable, de torréfaction spécialisée... Pour en savoir plus sur cette passion renouvelée pour le bon café, il faut aller faire un tour dans ce sympathique lieu de l'avenue du Parc. Là, on vous expliquera que les grains ont été rôtis pratiquement la veille, on vous parlera de leurs origines, des nouveaux petits producteurs... Et lorsqu'on vous vend du café en sac, on peut pratiquement vous raconter l'itinéraire de chaque grain. Mais qu'on y aille pour s'approvisionner en mouture ou pas, il ne faut surtout pas oublier d'en prendre une bonne tasse : le proprio, un italophile formé à l'art du macchiato et du cappuccino dans son pays préféré, sait comment se servir de sa machine à espresso. À essayer.

Atmosphère vraiment charmante, fauteuils pour se prélasser et jouer à des jeux, télé, faux feu de cheminée, grande terrasse ensoleillée en été. Un lieu où il fait bon traîner.

- Pour un très bon café bu à la course ou en traînant.
- Atmosphère très sympathique.
- Terrasse quand il fait beau.
- On peut manger des sandwichs au lunch ou au souper ou alors un croissant le matin, mais rien n'est à la hauteur du café.

 $ Ouvert le matin, le midi et le soir, tous les jours

Caffè In Gamba
5263, avenue du Parc
Montréal
514 656-6852
www.caffeingamba.com

Café Myriade

Il ne suffit pas de savoir pousser le bouton *On* d'une machine espresso pour faire du bon café. C'est un art. Un art que ne maîtrisent pas tous ceux qui sont derrière un bar, mais que certains cherchent à pousser toujours plus loin. Parmi ceux-là, il y a Anthony Benda, le genre de gars qui s'inscrit à des concours de café, un ancien du Veritas, dans le Vieux-Montréal, où il préparait d'impeccables cappuccino – pas trop de lait, une mousse onctueuse, un café au goût profond, sans relents de brûlé ou d'amertume déplacée. Avec un autre amateur appelé Scott Rao, auteur d'un livre sur l'art de préparer le café, Benda vient d'ouvrir un «espresso bar», rue MacKay, Myriade, où il vend aussi quelques viennoiseries de Première Moisson, les muffins et le gâteau banane-chocolat que prépare une de ses amies. À boire, il y a des thés fins, du chocolat de bonne qualité, quelques sodas Boylan. Mais si on y va, c'est pour le café, le café, et encore le café.

> Chez Myriade, la machine à café est une sorte de Lamborghini du café, tout comme les moulins.

- Pour prendre un excellent café préparé par des fous du café.
- Rien à voir avec le café des chaînes, même celles qui prétendent savoir faire l'espresso
- On peut y acheter du café en grains, qui sera toujours frais et fort probablement équitable et fort probablement d'une marque obscure, mais prisée des *afficionados*.
- Pour les amateurs de café dits de la «troisième vague».

 **$** Ouvert tous les jours

Café Myriade
1432, rue MacKay
Montréal
514 939-1717

143

Café Santé Veritas

Une autre destination pour les fous de café, cette fois dans le Vieux-Montréal. Le bar à espresso n'est qu'un petit volet de ce casse-croûte « santé », mais c'est uniquement pour cela qu'on y va, car le café torréfié en Colombie-Britannique par la maison 49th Parallel servi par Veritas est exceptionnel. Antony Benda, le champion barista qui a lancé les lieux n'est plus derrière la machine à espresso, puisqu'il est parti fonder son propre café, le Myriade, mais les nouveaux employés continuent d'y préparer des cappuccino et des macchiato au dessus de la moyenne. À préférer au café des grandes chaînes commerciales qui pullulent dans le coin.

> Ceux qui n'ont pas envie de traîner dans le décor ultra-design peuvent prendre leur café au comptoir ou même acheter un sac de grains – avec date de torréfaction garantissant la fraîcheur, évidemment – et se préparer une tasse à la maison…

- Pour un café réellement délicieux, à des lieues de ce que l'on sert dans tous ces casse-croûte du coin où on utilise du café en conserve dont on ne sait rien.
- Les autres plats offerts – salades, sandwichs et potages « santé » – ne sont pas aussi spectaculaires que le café, malheureusement, mais les amateurs de sandwichs au pain de blé entier et de plats remplis de légumes et très peu salés seront comblés.

 $ Ouvert le matin et le midi tous les jours

Café Santé Veritas
480, boulevard Saint-Laurent
Montréal
514 510-7775
www.cafesanteveritas.com

QUELLE AMBIANCE CHERCHEZ-VOUS?

DNA

À la fois allumé et excentrique, vitaminé et surprenant, le décor de DNA ne laisse personne indifférent. Même les auteurs de ce livre y ont eu des réactions diamétralement opposées. Peu importe. Le DNA n'est pas banal, il est situé dans un quartier intéressant, le Vieux-Montréal, et, en plus, on y mange exceptionnellement bien. D'inspiration méditerranéenne, la cuisine s'inscrit dans une mouvance très actuelle en faisant de plus en plus de place aux produits régionaux, comme le bœuf des Cantons ou de l'agneau du Kamouraska et en se préoccupant d'environnement. Le chef Derek Dammann, par exemple, prend la peine de préciser que son flétan est «de ligne», donc pêché de façon écologiquement responsable. Mais ceci n'empêche pas les plats d'être toujours fins et précis. Bref, un resto où la créativité est mise au service du goût. L'autre coproprio, Alex Cruz, œuvre en salle et s'occupe de l'accueil chaleureux et du service toujours professionnel.

> Dans les toilettes des filles, on diffuse des *chick flicks* et, dans celle des gars, il y a un panier pour jouer au basket avec les serviettes.

- Le décor n'est pas minimaliste, mais n'a rien non plus d'une *fashion victim*. On n'y trouve donc pas les lieux communs modernistes du moment.
- Jolie vue sur le Vieux Port et Habitat 67.
- La cuisine laisse de plus en plus de place aux produits régionaux.
- Toutes sortes de petites attentions : parfois on nous offre une bouteille d'eau en partant ou une fleur, et il y a un véritable bar à crèmes à mains dans la toilette des filles.
- Prix raisonnables compte tenu de tous ces facteurs.

$$$ Ouvert le midi et le soir du mardi au samedi
Fermé le dimanche et le lundi

DNA
355, rue Marguerite d'Youville
Montréal
514 287-3362
www.dnarestaurant.com

Koko

Installée à Vancouver depuis plusieurs années, où son premier hôtel a fait sa marque dans le style boutique branché, la chaîne Opus s'est installée à Montréal, angle Saint-Laurent et Sherbrooke, au cœur d'un quartier à la mode plutôt rutilant. Koko a su s'imposer rapidement dans cet univers comme destination très à la mode avec une décoration d'un modernisme baroque spectaculaire. La bonne nouvelle, c'est que, contrairement à bien d'autres adresses du quartier qui plaisent elles aussi aux foules jeunes et friandes de griffes m'as-tu-vu, Koko propose une cuisine sérieuse, bien faite et savoureuse, fortement influencée par l'Asie. Pas étonnant, puisque l'hôtel a, après tout, des racines très côte ouest. L'été, on mange sur la terrasse abritée. Quand le temps se rafraîchit, on savoure l'éclaté décor intérieur.

> On sert le repas en succession de petits plats, donc façon isakaya, la formule de type tapas à la japonaise fort populaire à Vancouver.

- Pour un décor réellement moderne surprenant : à la fois chromé, poilu, brillant et flamboyant.
- Pour une cuisine à l'asiatique réellement bien faite.
- Les lieux deviennent plus bar et *lounge* que resto – et plus vingtaine et trentaine que quarantaine et plus – au fur et à mesure que la soirée avance.
- Pour voir et être vu et, en fin de soirée et en fin de semaine, avoir l'impression d'être au cœur de la fête.

$$$ Ouvert le soir seulement, tous les jours

Koko
8, rue Sherbrooke Ouest
514 657-5656
www.kokomontreal.com

Duel

Là où fut jadis le restaurant Area, rue Amherst, il y a maintenant Duel, un restaurant concept ouvert par les chefs Laurent Godbout et David Biron. Inspiré de l'émission *Iron Chef*, ce restaurant met en scène les deux toques, qui, lors de soirées duel, cherchent à conquérir les faveurs du public en cuisinant de la façon le plus originale possible sur des thèmes bien établis : un ingrédient, une technique, un style. Les chefs font leurs petits plats, qui sont donc servis deux par deux, et les convives votent. On peut aussi aller à ce restaurant pour des soirées plus traditionnelles, où le menu propose tout simplement certaines créations de Godbout, un chef qui aime bien la cuisine française contemporaine et d'autres de Biron, plus porté vers l'asiatique moderne.

> Magnifique décor moderne, qui met en scène des produits naturels nichés dans des sortes de bulles en plastique.

- Pour une soirée entre amis plutôt ludique où l'on parlera d'autre chose que de boulot.
- Pour un souper de filles. On s'assoit alors toutes au comptoir et on regarde les chefs cuisiner.
- Pour une première soirée galante où le jeu du duel alimentera sans problème la conversation.
- Heures d'ouverture atypiques.

$$$ Ouvert le midi du mardi au vendredi
Ouvert le soir du mardi au samedi
Fermé le dimanche et le lundi

Duel
1429, rue Amherst
Montréal
514 528-1429
www.restaurantduel.com

Daylight Factory

Petit cousin du Bu, le Daylight Factory est installé dans un ancien espace industriel du Vieux-Montréal, avec d'immenses fenêtres. Lieu aux allures de loft post-industriel, éclairé et agréable, on y sert salades variées, paninis et plats mijotés, au menu le midi et en fin de journée. C'est parfois un peu brouillon, mais généralement très savoureux. Puis, à l'apéro, la belle sélection de vins s'accompagne de petites choses à manger sans façon. Mais le clou, c'est quand arrivent les beaux jours et qu'on peut compter sur sa terrasse très zen donc très dépouillée, avec mobilier moderne, aux airs à la fois milanais et new-yorkais. Une des plus intéressantes en ville.

> Contrairement à la plupart des autres restaurants, le Daylight Factory accepte de prendre des réservations sur la terrasse le midi.

- Pour un lunch d'affaires pas trop formel.
- Pour le cinq à sept où se retrouve la faune du Vieux-Montréal, que ce soit les financiers de la Caisse de dépôt ou les gens de multimédia qui ne travaillent pas trop loin.

 Ouvert le midi seulement du lundi au vendredi
Ouvert pour le brunch le samedi et le dimanche

Daylight Factory
1030, rue Saint-Alexandre
Montréal
514 871-4774
www.daylightfactory.ca

149

Version Laurent Godbout

Installé rue Saint-Paul, dans une demeure ancestrale du Vieux-Montréal, Le Version est un des quatre restaurants du chef Laurent Godbout. Sa principale qualité ou du moins celle qui le distingue des autres bons restaurants de la métropole : une très jolie terrasse installée à l'arrière, dans un jardin encaissé entre des murs de pierre. Comme chez L'Épicier, l'autre restaurant presque voisin du chef Godbout, les plats sont parfois compliqués et la liste des ingrédients très longue (morue noire croustillante avec croquette de piperade, émulsion de crustacés, moules au jus de piperade et crème d'olives noires...) mais, règle générale, cette cuisine d'inspiration sud-européenne – Italie, Espagne, Portugal – marche très bien, en raison des contrastes de saveurs et de textures, et des surprises ainsi créées.

> Des tables installées au soleil et des canapés sous des toiles suspendues où on peut s'installer pour un repas ou pour l'apéro donnent à la très jolie terrasse un air « hôtel-boutique » européen.

- Une des rares terrasses du Vieux-Montréal à ne pas être un piège à touristes même si le service pourrait parfois être plus attentionné.
- On peut y aller en groupe, mais il y a aussi un bar où on peut s'asseoir seul.

$$$ Ouvert le midi du mardi au vendredi
Ouvert le soir du mardi au samedi
Fermé le dimanche et le lundi

Version Laurent Godbout
295, rue Saint-Paul Est
Montréal
514 871-9135
www.version-restaurant.com

Aqua Mare

Malgré la place importante jouée par la culture britannique dans le développement de Montréal, cette ville ne compte pas des tonnes de bonnes adresses de fish'n'chips, mais il y a heureusement quelques exceptions, en commençant par le petit comptoir de friture d'Aqua Mare, au marché Jean-Talon. C'est l'auteur d'un livre sur l'art de choisir des poissons écologiquement corrects en ce temps de surpêche et de pisciculture industrielle, qui nous l'a fait découvrir. Il y va pour manger des cornets de crevettes de Matane frites ou alors des éperlans du Saint-Laurent, qui réussissent haut la main le test politico-écologique. Même les calmars sont approuvés. Et ô combien bons! Surtout avec la petite mayonnaise piquante... Il y a quelques tables pour manger dehors, sur place, mais on peut aussi emporter les plats pour faire un pique-nique dans un des petits parcs urbains de Villeray ou de la Petite-Italie.

> La poissonnerie ne vend que poisson, frites et boissons fraîches pour le lunch, mais pour le dessert, pourquoi ne pas faire un arrêt à Havre-aux-Glaces, toujours au marché, quelques portes plus au sud?

- Pour un arrêt repas rapide et délicieux quand on fait les courses au marché Jean-Talon.
- Pour les crises de nostalgie de bord de mer en plein été ou au printemps.
- Pour un repas rapide qui fait changement des sempiternels sandwichs et morceaux de pizza.

$ Ouvert dès 7 h
Fermé le soir
Jeudi et vendredi ouvert jusqu'à 20 h

Aqua Mare
7070, avenue Henri-Julien
(coin nord-est du marché Jean-Talon)
Montréal
514 277-7575

151

Ian Perreault Prêts-à-manger (traiteur)

On s'inquiétait de le voir disparaître de notre champ de vision gastronomique après la fermeture d'Area et de Halte urbaine, mais le retour du chef semble bel et bien parti pour durer avec ce Ian Perreault Prêts-à-manger qui fait le bonheur des gourmands depuis maintenant une bonne année. Ce comptoir de plats à emporter accompagné d'une terrasse, rue Bernard, à Outremont, offre des repas à emporter dignes d'un restaurant. Le décor des lieux est spectaculaire et la cuisine, fine et de grande qualité. Parmentier de bœuf braisé, risotto aux champignons bio et lait de maïs... On peut soit choisir sur place en regardant ce qui est disponible au comptoir, soit appeler à l'avance pour composer un menu personnalisé.

Une solution de rechange au restaurant « apportez votre vin » pour ceux qui veulent ouvrir une bonne bouteille sans avoir à cuisiner. Idéal aussi pour un pique-nique de luxe.

- Pour se gâter à la fin d'une grosse journée ou une soirée romantique, sans avoir ni à cuisiner ni à aller au resto.
- Pour faire un repas-cadeau à quelqu'un qui ne peut pas cuisiner ou sortir au resto pour une raison ou une autre (convalescence, nouveau bébé, coupe de cheveux ratée).

$$ Ouvert du lundi au samedi de 11 h à 20 h
(le samedi jusqu'à 19 h)
Fermé le dimanche

Ian Perreault Prêts-à-manger
1248, rue Bernard Ouest
Outremont
514 948-1248
www.ianperreault.com

Le Cartet

Autrefois uniquement épicerie, casse-croûte et traiteur, Le Cartet, est maintenant en plus de tout cela un vrai restaurant, le genre qui sert du vin le midi et qui propose des repas du soir avec viande et compagnie. Cela dit, le côté traiteur demeure et continue de servir ceux qui apprécient les lieux pour ses viennoiseries, ses sandwiches classiques de qualité, ses salades, ses plats cuisinés et ses desserts divins à emporter, que ce soit pour faire pour un pique-nique au Vieux-Port, un lunch au bureau ou un repas du soir quand on n'a pas envie de popoter. L'adresse est aussi courue pour ses brunchs du weekend.

> Les amateurs de chocolat connaissent Le Cartet, puisqu'on y trouve toutes les bonnes marques – Valrhona, Cluizel, Domori, etc. – et quelques desserts chocolatés, dont une mousse au chocolat divine qui vaut le détour à elle seule.

- Pour un lunch de qualité à emporter.
- Pour des desserts exquis.
- Pour pouvoir acheter son lunch ET faire quelques courses puisque c'est aussi une épicerie fine où l'on trouvera notamment des produits très fins qui font de bons cadeaux.

$ ou $$

Ouvert le matin et le midi tous les jours
Ferme tôt en soirée

Le Cartet
106,rue McGill
Montréal
514 871-8887

Tredici

Rapidement, cet établissement passe-partout s'est imposé dans le Mile-End. Car il répond à toutes sortes de besoins. On peut y manger sur place, sur une des grandes tables de bois collectives qui donnent à ces lieux un air très Soho. Mais on peut aussi emporter salades, sandwichs et autres gâteaux aux carottes, tous des plats généralement d'inspiration italienne, mais pas toujours, pour un pique-nique ou manger au bureau. On peut même y faire quelques courses, puisque Tredici a aussi un volet épicerie et d'immenses étagères remplies de denrées diverses. Bref, on y trouve de tout, les sandwichs y sont réellement très bons.

> On profite des grandes tables communes pour apprendre à connaître ses voisins... Ou lire le journal bien déplié.

- Pour de bons sandwichs et de bonnes salades à emporter.
- Pour un repas du midi pas compliqué que l'on mange sur place ou que l'on emporte au bureau si on travaille dans le coin.
- Le décor a quelque chose d'euro-*cool*-moderne sans être trop branchouille. Très Mile-End, finalement...

$ ou $$

Ouvert le matin, le midi et le soir tous les jours

Tredici
275, avenue Fairmount Ouest
Montréal
514 509-1341

Bofinger

Repas familial estival classique ou aliment réconfort autour d'un match de hockey ou de football, les côtes levées à l'américaine font partie de notre culture culinaire populaire. Et chez Bofinger, Bo' pour les habitués, elles sont braisées, piquantes, juste assez collantes et surtout délicieuses avec leur sauce sucrée, pas trop tomatée... La maison Bofinger – qui n'a rien à voir avec le restaurant parisien du même nom – est un *smoke house* de Dollard-des-Ormeaux, qui a maintenant pignon sur rue à Montréal. On commande et on emporte, ou alors on mange sur place. Rien de chic, mais rien de déprimant non plus. Décor rétro simple et de bon goût. Et même si le chili y est préparé avec de la vraie viande effilochée, et même si la liste des hamburgers passés au grill est longue, c'est pour les côtes qu'on y retourne. Des côtes charnues, riches, tendres. Enrobées de salé, de sucré, de piment. De porc et de bœuf.

> La viande est fumée sur place, avec du bois d'érable. Les épices utilisées sont naturelles, tout comme les sauces faites à partir d'ingrédients simples, sur place.

- Pour un repas copieux, avec des ados.
- Pour un repas du vendredi soir, qu'on emporte à la maison et que l'on mange en survêtement, devant un DVD.
- Pour un repas du mardi soir, après ou avant le cinéma, ou après un match de soccer des enfants.

 Ouvert le midi et le soir, tous les jours

Bofinger
5667, rue Sherbrooke Ouest
Montréal
514 315-5056
Ou 1250, rue University
Montréal
514 750-9095
Ou 25, boulevard Don-Quichotte
L'Île-Perrot
514 646-1886
Ou 5145, avenue du Parc
Montréal
www.bofinger.ca

155

Noobox

La chanteuse Anne Sylvestre, qui résume bien la pensée de certains enfants en chantant « *Si c'est pas des nouilles, j'en veux pas* », appuierait probablement ce concept lancé au Palais des Congrès et qui se décline maintenant aussi rue Bleury et au centre Dix-30, à Brossard. Noobox est un marchand de nouilles d'abord et avant tout. Des nouilles asiatiques. Minces, charnues, au riz, **soba**... Le concept est simple : sur un petit formulaire, on choisit ses légumes, on choisit sa sorte de nouilles orientales (on peut aussi prendre du riz), on choisit une sauce (basilic pimenté, cari et coco, etc.) et ensuite ce que l'on veut côté protéines : bœuf, poulet, crevettes, tofu, etc. Quelques minutes plus tard arrive un plat sur mesure, dans un carton prêt à emporter ou à manger sur place. L'antithèse du buffet où tout est prêt à l'avance et attend pendant des heures.

> Les prix varient de 6,95 $ à 10,95 $, avant taxes, selon ce que l'on choisit (calmars, poulet, crevettes, bœuf, tofu, etc.).

- Pour un lunch asiatique savoureux sur mesure, que l'on mange sur place, en pique-nique ou au bureau.
- Il y a maintenant une succursale au quartier Dix-30 et un autre restaurant près du Palais des congrès, donnant directement rue Saint-Urbain, qui après quelques hésitations semble bel et bien ouvert pour de bon.

$ Ouvert le midi
Ferme tôt en soirée
Ouvert le samedi midi

Noobox
159, rue Saint-Antoine, local 118
514 868-6678
Ou 908, rue Saint-Urbain
Montréal
514 789-6078
Ou 7230, boul. Le Quartier, Suite 20
Brossard
450 445-1878
www.noobox.com

RESTOS DE QUARTIER

Le St-Urbain

Installé dans la partie ouest d'Ahuntsic, le Saint-Urbain offre une solution «resto de quartier» à une zone de Montréal qui compte bien peu de lieux de ce type. On y mange fort bien. C'est simple et joli. Sympathique. La cuisine ne se distingue ni par sa complexité ni par sa créativité débridée. Mais c'est un lieu où les valeurs sûres – salade de chèvre et betterave ou risotto aux crevettes et aux asperges, par exemple – sont bien déclinées, préparées en cuisine par une équipe professionnelle qui ne s'est pas improvisée aux fourneaux et qui soigne présentation et finition.

La carte écrite à la craie sur un tableau noir nous annonce que le menu n'a rien de fixe ni de coulé dans le béton et suit les saisons et les arrivages.

- Restaurant de quartier simple mais efficace et agréable.
- On peut y aller autant pour un tête-à-tête qu'avec des amis ou la famille.
- On ne viendra peut-être pas de loin pour y manger une cuisine unique, mais ce restaurant fera probablement beaucoup de jaloux chez les résidents de tous ces autres quartiers résidentiels montréalais souffrant d'une pénurie d'adresses intéressantes.
- Carte de vins courte, mais constituée uniquement d'importations privées, à prix raisonnables. Plusieurs possibilités au verre.

$$ Ouvert le soir du mardi au samedi
Ouvert le midi du mardi au vendredi
Fermé dimanche et lundi

Le St-Urbain
96, rue Fleury Ouest
Montréal
514 504-7700
www.lesturbain.com

Le Comptoir gourmand

Installé dans une sorte de micro-DIX30 donnant sur un grand espace, à la fois épicerie fine, traiteur et petit restaurant, Le Comptoir gourmand propose une foule de bonnes choses préparées avec la minutie et la rigueur des traiteurs français. On y a goûté, par exemple, une parfaite salade de concombres, un céleri rémoulade remarquable, tout comme le sandwich au porc effiloché. On peut manger sur place, on peut y acheter des plats à faire réchauffer à la maison. On peut aussi y acheter de bons produits importés, le tout dans un lieu, moderne et agréablement spacieux.

Non, les bons petits restaurants de banlieue ne sont pas tous installés dans une vieille maison canadienne. Et tous les restaurants installés dans des centres commerciaux modernes ne sont pas tous des succursales de chaîne. Celui-ci en est la preuve.

- Pour manger un bon repas en revenant de chez Ikea (qui n'est pas très loin).
- Une rare adresse de l'extérieur de la ville où on peut bien manger de façon contemporaine, donc sans avoir à choisir un petit resto coquet de presque campagne avec fleurs séchées et dentelles.

$ ou $$ Ouvert le matin et le midi du mardi au dimanche Ferme tôt en soirée

Le Comptoir gourmand
1052, rue Lionel-Daunais
Boucherville
450 645-1414

Foo Wor

Foo Wor est un restaurant chinois immense, comme ceux de Hong Kong ou de Taipei, où se retrouve la communauté asiatique de Brossard, le week-end particulièrement, pour prendre le dim sum du midi en familles. Les enfants courent, les parents discutent, les chariots remplis de shu mai et de congee se promènent à vive allure, poussés par des serveuses affairées. Ailes de canard, ravioles de crevettes et de châtaignes d'eau frites, dumplings vapeur remplis de porc, de crevettes et de champignons hachés, crêpes de farine de riz cuites à l'étuvée, farcies de porc et de moules et nappées de sauce soja, crevettes frites, riz collant... Les plats se succèdent rapidement et sont exquis. C'est frais et c'est réellement savoureux.

> Pour les allergiques, les options sans crevettes semblent plus nombreuses que dans les restos à dim sum du quartier chinois.

- Il y a de la place pour les repas familiaux étendus et les groupes nombreux.
- Par jour de pluie, on emmène les enfants faire du skateboard au parc de skate juste à côté et ensuite, petit repas dim sum exotique à souhait. Comme ça, tout le monde est content, tout le monde oublie qu'il fait gris et tout le monde a même un peu l'impression d'être en voyage en Asie.

$ Ouvert le midi et le soir tous les jours

Foo Wor
8080, boulevard Taschereau
Brossard
450 671-8820

Maria Bonita

Maria Bonita est un petit restaurant familial, installé discrètement pour ne pas dire un peu secrètement, depuis quelques années au cœur du Mile-End. La patronne est aux fourneaux et surveille chaque assiette pour que tout ce qui sort de la cuisine soit bien fignolé et joliment présenté. Monsieur est aux commandes de la salle, décorée un peu comme une cabane de pêcheurs du Pacifique, avec des murs de couleurs, ornés de sarapes et de vieilles photos. À la carte, on trouve tout ce qui évoque le Mexique des touristes, mais aussi celui des autochtones de toutes les régions : crémeux guacamole, quesadillas enroulées sur du fromage, du poulet et des oignons, ragoût de porc aux piments guajillo... Les amateurs de mole poblano y seront aussi ravis puisque Maria prépare à merveille ce grand ragoût du centre du Mexique préparé à base de chilis, de cacao et d'épices.

> Vous voulez savoir quoi goûter : pourquoi ne pas commander le *pipian*, un ragoût de poulet à base de graines de citrouille qui s'avale comme un antidote aux plats très relevés ou alors le cochinita pibil, un plat de porc cuit dans une feuille de bananier, fait comme au Yucatan.

- Pour un repas exotique avec les copains.
- Pour calmer une crise de nostalgie du Mexique.
- Pour pratiquer son espagnol en se régalant.

$ ou $$ Ouvert le soir seulement du mardi au samedi
Fermé le dimanche et le lundi

Maria Bonita
5269, rue Casgrain
Montréal
514 807-4377

Bistro Bienville

Le Bistro Bienville est proche géographiquement des restaurants à la mode de l'avenue du Mont-Royal, mais il en est très loin philosophiquement. Chez Bienville, on ne cherche pas à épater la galerie ni à être dans la tendance du moment. Ce petit restaurant de quartier qui compte à peine une vingtaine de places veut plutôt s'imposer par la qualité de sa cuisine et de ses produits. Pour ne pas trop manger mais pouvoir quand même goûter à toutes sortes de choses, le restaurant varie les portions. Grosses entrées, petits plats, assiettes à partager. Mention spéciale pour les tartes salées, toujours originales, comme celle au ris de veau ou une autre au homard.

Le Bienville n'est plus ouvert le midi durant la semaine mais propose maintenant un brunch du dimanche avec, entre autres, de grosses assiettes d'œufs, saucisses et compagnie à partager.

- Pour bien manger sans se prendre la tête.
- Le genre de lieu où on a envie d'aller juste parce que les proprios sont gentils. Bonus : c'est vraiment bon.

 $$ Ouvert le soir seulement, du mardi au samedi
Ouvert pour le brunch le dimanche

Bistro Bienville
4650, rue de Mentana
Montréal
514 509-1269

Hong Kong

Si vous cherchez un restaurant typique du quartier chinois, qui y est installé depuis toujours et propose de la bonne cuisine, voilà votre adresse. Surtout si vous aimez la cuisine cantonaise, avec son répertoire aussi vaste que la cuisine française. Dans un hall immense comme une gare, vous verrez peut-être passer les carcasses de porc destinées à être rôties à la broche puis laquées, vous verrez des poissons qui gigotent encore... Et on vous servira des spécialités inconnues ailleurs : du homard ou des langoustes aux haricots noirs fermentés, des huîtres géantes frites, des sautés divins au porc ou au poulet, des poissons entiers cuits à la vapeur de gingembre. On y va le midi ou le soir en famille. Service cordial.

> N'ayez pas peur de demander des suggestions au personnel : les serveurs connaissent leur cuisine et... vos craintes.

- Pour un lunch d'affaires préparant un voyage en Chine.
- Pour manger en famille dans un univers inhabituel et décontracté, et pour surprendre votre belle-mère en commandant un plat super-exotique.

$ Ouvert le midi et le soir tous les jours

Hong Kong
1023, boulevard Saint-Laurent
Montréal
514 861-0251

M sur Masson

Juste en face de la belle église Art Déco de Rosemont, le M sur Masson est à la fois accueillant, sage et pimpant. Et autant le resto était tout petit quand il a ouvert, autant, après deux agrandissements, il a maintenant une taille honorable tout en restant à la même adresse et en gardant le cap côté cuisine. Et quelle cuisine. De style français décomplexé, elle est à l'image de notre époque : accessible, mais perfectionniste. Soupes de poisson, plats hommages à de grands chefs et grillades toutes simples, comme l'onglet, ont en commun d'être impeccablement préparés et servis avec le sourire. M comme dans Miammmm...

Il y a vraiment de plus en plus d'adresses gourmandes intéressantes à Rosemont et il est rassurant de voir comment le M a installé la rue Masson sur la carte du *fooding* montréalais, faisant ainsi éclater les bastions traditionnels (Plateau, Outremont, etc.)

- Un bon restaurant dans un quartier qui bouge où il est plus facile de se garer et de circuler que sur le Plateau.
- Pour un tête-à-tête impromptu ou des retrouvailles avec un vieux chum qu'on n'a pas vu depuis longtemps.

$$ Ouvert le midi du lundi au vendredi
Ouvert le soir du lundi au samedi
Brunch le dimanche

M sur Masson
2876, rue Masson
Montréal
514 678-2999

Liverpool House

Malgré son nom et bien que sa décoration tout en bois peint fasse pas mal plus Nouvelle-Angleterre qu'Émilie-Romagne, le Liverpool House s'inspire beaucoup de l'Italie pour sa cuisine réconfort qui peut autant prendre la forme d'un plat de pâtes qu'un bon mijoté. La carte, inscrite au tableau noir, s'adapte aux arrivages et aux humeurs des chefs Fred Morin et David McMillan, qui cultivent maintenant un potager à l'arrière de leurs trois restos – Liverpool, McKiernan et Joe Beef – pour approvisionner leurs cuisines des légumes les plus frais possible. Très joli concept populaire ailleurs qu'on n'avait pas encore vu à Montréal. Le service est parfois brouillon et la cuisine plus apaisante que surprenante, mais l'atmosphère jeune et allumée qu'on y retrouve continue de faire l'unanimité.

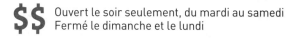

Quand Joe Beef, le restaurant voisin qui a le même propriétaire, est plein, ce qui arrive souvent, aller chez Liverpool n'est pas du tout un plan B.

• Pour un repas réconfortant, par un soir froid d'automne.
• Ambiance animée.

$$ Ouvert le soir seulement, du mardi au samedi
Fermé le dimanche et le lundi

Liverpool House
2501, rue Notre-Dame Ouest
Montréal
514 313-6049

Le Jolifou

Lorsque le célèbre chef torontois Jamie Kennedy est venu dans la métropole pour le festival Montréal en Lumière, c'est dans ce restaurant excentré, mais de grande qualité, qu'il a décidé d'aller cuisiner. Il faut dire qu'il connaissait le chef, David Ferguson, un des secrets (trop) bien gardés de notre gastronomie. On ne va pas au Jolifou pour être épaté par un décor contemporain coûteux ou pour croiser les beaux et célèbres de la ville – après tout, ce resto est dans le quartier résidentiel de Rosemont. Mais sa cuisine précise et fine n'en mérite pas moins le déplacement. Beaucoup de plats sont exécutés à la minute et on peut voir les cuisiniers travailler si on s'installe au bar de la nouvelle salle. D'autres sont plus travaillés, avec des accents latino-américains. On ajoute un peu de coriandre ici ou une pointe de piment chipotle par là. À découvrir.

> Le restaurant compte une salle privée pouvant accueillir jusqu'à 30 personnes, avec WiFi et écran de projection. Une idée originale pour une rencontre de travail ?

- Restaurant de tête-à-tête idéal, parfait, par exemple, pour une petite sortie surprise quand une gardienne vient soudainement d'offrir ses services pour garder les enfants...
- Si vous habitez le quartier et que vous avez envie de bien manger, sans avoir à conduire ou prendre le métro jusqu'à l'autre bout de la ville, tout simplement.

$$ Ouvert le soir seulement, du mardi au dimanche
Fermé le lundi

Le Jolifou
1840, rue Beaubien Est
Montréal
514 722-2175
www.jolifou.com

Simpléchic

Simpléchic est le premier restaurant du chef Louis-François Marcotte que l'on voit maintenant beaucoup à la télévision et qui s'est fait aussi clairement remarquer avec son restaurant Le Local, dans le Vieux-Montréal. Installé à Verdun, dans un quartier qui compte peu de grandes tables, Simpléchic se démarque avec des menus dégustation à 44 $ ou même 66 $ et des plats comme le duo de foie ou la noisette de cerf de Boileau. Tout un défi pour ce quartier peu habitué à de telles additions. Certains trouvent que M. Marcotte n'y est pas assez présent et s'ennuient de son doigté en cuisine. D'autres jurent encore par cette adresse éloignée des quartiers habituels, où on peut aller se réfugier pour manger de bons petits plats préparés avec toutes sortes de produits régionaux, juste assez chic, mais pas trop.

Pas besoin d'habiter Verdun pour aller dans ce resto franchement romantique avec sa vue plongeante sur un carrefour à trois voies qui évoque un peu la vieille Europe.

- Parfait pour un rendez-vous avec un futur amoureux ou un tête-à-tête sérieux avec un associé ou un ex-client...
- Adresse en retrait du centre-ville, idéale pour un peu d'intimité, pour ne pas dire de paix.

$$ Ouvert le soir du mardi au samedi
Fermé le dimanche et le lundi

Simpléchic
3610, rue Wellington
Verdun
514 768-4224
www.simplechic.ca

167

Café Titanic

On aime les soupes, les sandwichs, les desserts, les plats cuisinés du Titanic. Mais ce qui est vraiment unique à ce petit resto-cafétéria installé depuis 15 ans dans le Vieux-Montréal, c'est son assiette d'antipasti végétarien. Avez-vous déjà mangé, ailleurs, une aussi belle assiette de légumes cuits et crus, tous plus savoureux les uns que les autres? Le Café Titanic est réellement une destination lunch moderne où la nourriture est prise au sérieux. Ce n'est pas rien quand on est dans un quartier hyper touristique où n'importe qui s'improvise cuisinier du midi en pensant que, dans le fond, ce n'est pas la qualité du pain ou de la salade qui est importante, mais plutôt la *location-location-location*. Au Café Titanic, les soupes sont savoureuses et réconfortantes, les mijotés impeccables et rassurants. Oh, et le gâteau aux carottes est parfait.

> Le Titanic est aussi un excellent traiteur si on cherche des sandwichs et des salades pour nourrir un groupe durant une réunion du midi.

- Pour un lunch savoureux dans une atmosphère animée.
- Le restaurant loge dans un sous-sol, mais la déco est rétro-recyclée *cool*.
- Service d'humeur inégale, mais peu importe, on se sert comme dans une cafétéria.
- La meilleure adresse en ville (avec le Cluny qui partage les mêmes proprios) si notre vision du bonheur pour le lunch est une grosse assiette remplie de légumes.

$ Ouvert le matin et le midi du lundi au vendredi
Fermé le soir
Fermé le samedi et le dimanche

Café Titanic
445, rue Saint-Pierre
Montréal
514 849-0894
www.titanic-mtl.ca

Lucca

Lucca, dans la Petite-Italie, fait partie des adresses italiennes classiques de Montréal. Sans tambour ni trompette, ce restaurant s'est imposé comme une destination fiable où l'on peut se rendre l'esprit en paix. On n'y va pas pour se faire surprendre, pour s'abreuver de nouveautés ou pour prendre le pouls de la métropole. On y va pour la très simple bruschetta, pour la caprese à la mozzarella di buffala, les calmars frits, les tagliatelles aux champignons et aux épinards à l'huile de truffe... On est sur un terrain bourgeois, principalement toscan, mais comme c'est le cas en Italie dans les bonnes osterie, on se concentre sur tous ces détails qui donneront aux plats la profondeur et la charpente qui sauront les distinguer.

Lucca est installé dans le quartier italien mais il est en retrait du boulevard Saint-Laurent. Dans la tête autant que sur les cadastres. Esprit beaucoup plus Armani que Versace.

- Idéal pour un tête-à-tête sérieusement délicieux, loin du chaos.
- Parfait pour un souper entre femmes où l'on célèbre l'arrivée d'une copine dans le club des grands-mamans...
- On y emmène ses beaux-parents ou son oncle et sa tante, quand ils sont en visite à Montréal, ceux qui vous demandent d'éteindre votre lecteur de CD crachant Malajube quand vous leur faites à souper à la maison...

$$$ Ouvert le midi du lundi au vendredi
Ouvert le soir du lundi au samedi
Fermé le dimanche

Lucca
12, rue Dante
Montréal
514 278-6502

Tous les restos quartier par quartier

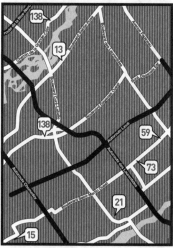

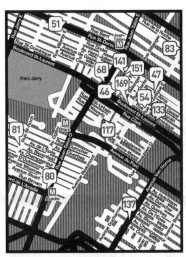

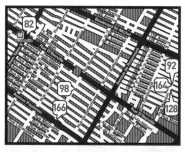

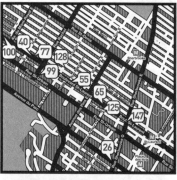

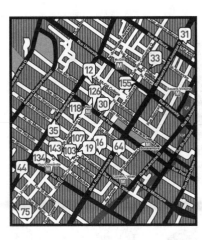

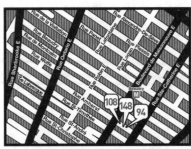

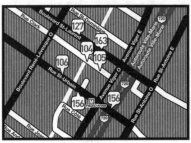

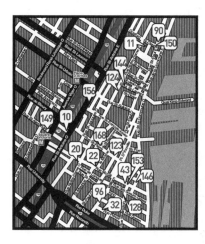

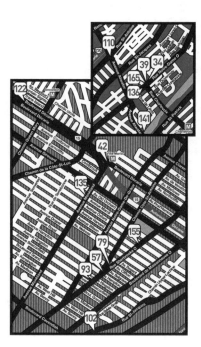

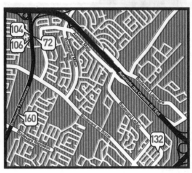

Autres solutions

POUR UN PETIT CREUX
D'APRÈS-MIDI

POUR EMPORTER

Les coups de cœur de Marie-Claude

★ Les dumplings juteux de **Qing Hua**

★ Les roulés au chocolat de **Mamie Clafoutis**

★ Le canard rôti de la **Salle à manger**

★ Les bols de soupe ramen au porc grillé de **Ramen-Ya**

★ La salade d'aubergine de **Ezo**

★ Le poulet en papillote et les plats aux champignons noirs de **Tchang Kiang**

★ La salade à la crème fraîche de **La Fabrique**

★ Les salades d'algues chez **Koko**

★ Les cupcakes au chocolat-chai de chez **Cocoa Locale**

★ Les beignets à la banane et au chocolat de **The Sparrow/ Le Moineau**

★ Les glaces à la noisette et au café du **Havre-aux-Glaces**

★ La salade de fruits spectaculaire de Patrice Demers chez **Newtown**

★ Les crevettes et les calmars frits chez **Aqua Mare**

★ Les empanadas de la boulangerie chilienne **El Refugio**

★ Le café de **Caffè In Gamba** et de **Myriade**

★ Le smoothie à la banane, épices et lait d'amandes de **Crudessence**

★ La barbe à papa à l'érable du **Laurie Raphaël**

★ N'importe quel chocolat chaud au **Bar à chocolat** de Geneviève Grandbois

★ Les sashimis créatifs et spontanés du chef Tri au **Tri Express**

★ Les ashaks et les mantoos de **Khyber Pass**

★ La pizza margherita de la **Bottega**

★ Le gâteau aux carottes du **Cluny**

★ Les apéros aux fruits sauvages du **Toqué!**

★ N'importe quel plat de pâtes de **Graziella**

★ Les nouilles à la façon de Shanghai au **Noodle Factory**

★ Les frites de patates douces chez **M : BRGR**

Index alphabétique des restaurants

Remerciements

Merci encore et toujours à tous les chefs, producteurs et à tous les gens des métiers de la restauration qui travaillent d'arrache-pied pour faire de notre ville une destination culinaire exceptionnelle. Je sais, ça fait cliché. Mais je commence à avoir assez voyagé pour l'affirmer sans hésiter : on mange vraiment bien à Montréal, pour des prix très raisonnables.

Merci aux membres de ma famille, à mes amis et à mes collègues qui acceptent de venir manger avec moi au restaurant pour toujours découvrir de nouvelles adresses, que ce soit à Laval, Outremont ou Boucherville. Merci pour votre infinie patience.

Merci à tous ceux qui travaillent avec moi à *La Presse* et avec qui j'ai tant de plaisir à parler de restaurants à longueur de journée, en commençant par Suzanne, Philippe et Éric, évidemment, sans oublier Marie-Claude et Robert, coéquipiers devant et derrière le rideau. Merci à tous les foodies de la salle de rédaction, Nathalie, Marc, Rima, Ève et Francis, Jean-Christophe, Marie-Christine, Stéphanie, Silvia, Mario, Yves, Geneviève, Catherine, Benoît, et à tous les autres que j'oublie. Un grand merci tout particulier aussi à Françoise Kayler et à Jacques Benoît, avec qui j'ai pu échanger pendant plusieurs années à *La Presse* et sans qui la critique gastronomique au Québec et notre connaissance et notre appréciation du vin ne seraient pas ce qu'elles sont.

Merci à la direction de *La Presse* de me donner les moyens de pratiquer mon métier de journaliste gastronomique de façon professionnelle et indépendante.

Merci à Martine Pelletier et à Martin Balthazar des Éditions La Presse, pour leur aide et leurs conseils tout au long du parcours. Merci à Ara Kermoyan, Christine Rebours et Jacinthe Laporte, sans qui ce guide ne serait pas ce qu'il est devenu. Et un grand merci à André Provencher, qui a cru à ce projet dès le départ.

Merci à tous ceux, les commentateurs, les journalistes, les gens qui œuvrent de près ou de loin dans la restauration mais surtout tous les lecteurs gourmands qui ont accueilli et adopté ce petit guide pratique, le feuillettent, l'utilisent et s'en servent pour découvrir les restaurants montréalais. Merci de m'en parler, de m'encourager, de me remettre en question et de m'aider à l'améliorer. Et à tous, un immense « bon appétit ! »

Et finalement, merci plus que jamais à Patrice, Juliette, Léon et Alice. Les meilleurs repas seront toujours ceux que je prends avec vous, peu importe où.

Marie-Claude

Notes